_________________ 님께

스토리 마케팅 성공을 위한
좋은 지침서가 되길 기원합니다.

_________ 년 _____월 _____일

이이디어뱅크 홍사종의 스토리 마케팅

이야기가 세상을 바꾼다

이야기가 세상을 바꾼다

초판 1쇄 인쇄 2009년 1월 28일
초판 4쇄 발행 2010년 6월 7일

지은이 _ 홍사종
펴낸이 _ 전익균

이사 _ 송영욱, 임상현
편집장 _ 김남희
기획 _ 김미화
마케팅 _ 오정민   경영지원 _ 최예란
디자인 _ 이호영   교정, 교열 _ 한정수

찍은곳 _ 예림인쇄   출력 _ 한국커뮤니케이션   제본 _ 바다제책

펴낸곳 _ (주)새빛에듀넷
주소 _ 서울 강남구 역삼동 723-28 영빌딩 1, 2층
전화 _ 02-3442-4393~4   팩스 _ 02-3442-6771
e-mail _ svinvest@hanmail.net   홈페이지 _ www.assetclass.co.kr
등록번호 _ 제16-4043호   등록일자 _ 2006. 11. 28

값 11,000원

ISBN 978-89-92873-33-8 (03320)

*잘못 만들어진 책은 구입하신 곳에서 바꾸어 드립니다.

이야기가 세상을 바꾼다

아이디어뱅크
홍사종의 스토리 마케팅

홍사종 지음

도서출판 새빛
AEVIT

고갈되지 않는 상상력의 화수분

    나라를 걱정하는 40~50대 칼럼니스트들의 모임인 '선우후락회'에서 홍사종 교수를 일 년에 몇 번씩 만나는데, 홍 교수는 만날 때마다 경탄을 자아낸다. 워낙에 다양한 전공의 학자들 모임이라 화제 또한 종횡무진이련만 어떤 화제가 떠오르건 간에 홍 교수는 그 분야에 일가견을 드러낸다. 또한 특유의 기발한 상상력으로 그 어떤 것이라도 우리 사회의 문화현상, 문화적 미래와 연관시킨다.

    '미래문화 기획전문가'로서 예술에 대한 감수성, 감식안이 뛰어난 것은 말할 것도 없거니와 한국과 세계 여러 나라의 예술계, 문화와 경제의 실태를 어쩌면 그리도 널리, 소상히 알며 어떤 것을 본보기로 삼고 어떤 것을 경고로 삼아야 하는지, 또 우리 현실에 맞게 수용하려면 어떻게 조정을 해야하는지에 대해 도무지 막힘이 없다.

    나는 원래 박식하고 지론이 많다고 해서 무조건 사람을 신뢰하는 편은 아니다. 하지만 우리 모임 회원들이 경기도 남양의 그의 생가를 방

문했을 때 그가 보여준 꽃과 나무에 대한 순수한 사랑과 해박한 지식
을 접하고 나서부터는 홍 교수의 문화적 식견을 절대적으로 신뢰하게
되었다.

홍 교수를 알기 전에도 1990년대의 몇 년 동안 정동극장에서 열리
는 여러 행사들이 자주 나의 관심을 끌었었다. 그런데 나중에 알고 보
니 그 모든 것이 홍 교수가 정동극장장으로 재임했던 동안 그의 아이
디어로 추진되고 실행된 일이었다. 주부들을 대상으로 극장의 마당에
서 메주를 싸게 팔면서 국악감상을 하도록 유도한다거나, 낮시간에는
활용되지 않는 공연장을 직장여성들이 음악을 감상하면서 잠시 낮잠
을 잘 수 있는 공간으로 제공한다거나, 학교에서 교사들이 감당하기 힘
든 토요일 특활시간에 문화예술의 가이드투어로 제공하는 프로그램을
공급한다거나, 식사와 함께 음악공연을 곁들이는 주문식 패키지 문화
상품을 제작해서 기업들에게 홍보나 사원행사용으로 판매한다거나 하
는 등등의 매우 재미있는 프로그램들이 풍성했다.

점심시간에 세종문화회관 뒷마당 분수대에서 열리는 〈분수대 광장
축제〉 또한 홍 교수가 세종문화회관에 근무할 때 만들어 낸 '작품' 이
었는데, 이제는 이것이 세종로의 트레이드마크, 도심의 산소발생기가
되었다. 이 모든 '상품' 들이 샐러리맨, 주부, 직장여성, 어린이, 노인,
중장년층 등 다양한 연령대와 계층에 적합한, 그들의 잠자고 있던 문화
적 욕구를 촉발하고 충족시켜 줌으로써 문화인구의 저변을 확대하고

수익까지 창출하는 일석삼조의 효과를 겨냥해서 성공한 기획들이었다.

비단 예술의전당이나 세종문화회관 같은 공연장만이 아니라 기차역이나 구민회관, 들판이라도 사람이 있는 곳이라면 어디든 예술이 찾아갈 수 있다는 것이 홍 교수의 생각이다. '저녁 7시' 또는 '7시 반'이라는 전통공식을 무시하고 주부들을 위해서는 오전에, 직장여성을 위해서는 점심시간에, 노인들을 위해서는 오후시간에 이벤트를 만든다. 소비자의 입장에서는 자신들이 가장 이용하기 편한 시간대에 문화를 접할 수 있고, 공연장의 입장에서는 놀리는 시간대에 공간을 활용할 수도 있으니 그야말로 윈윈이다. 물론 수준높은 공연작품을 개발하는 일에도 그는 열심이다.

홍 교수의 아이디어는 참으로 끝이 없다. 그의 의욕도 끝이 없다. 그는 우리 모든 국민을 문화의 향수자(享受者)로 만들기 전에는 결코 만족하지도, 포기하지도 않을 것이다. 경기도 문화의전당 사장으로 재직하던 시절 홍 교수는 '문화의 모세혈관운동'과 산골 초등학교의 아이들에게 예술교육을 제공하는 '문화예술멘토 프로그램'을 펼쳐 정부의 문화교육프로그램의 모델을 만들기도 했다.

두뇌가 비상하고 우리 사회의 구조와 허점마저도 너무나 훤히 아는 홍 교수가 그냥 돈을 벌기로 작정했다면 벌써 대박을 내도 일 년에 몇 번씩 터뜨려서 대부호가 되지 않았을까 싶다. 홍 교수 역시 예술을 제작, 공급할 뿐 아니라 예술을 마케팅해서 돈을 벌겠다는 개념도 가지고 있다. 그러나 지금껏 홍 교수가 문화산업으로 올린 수익은 이제껏 그가 몸담았던 공공기관의 장부로 다 들어갔다.

홍 교수가 문화마케팅으로 수익을 올리면 홍 교수는 그 보람과 쾌감을 누리고 수익은 공공기관의 몫으로 귀속된다. 그는 문화사업도 가능한 한 자발적수요로 이어져 수익을 내야 한다는 굳은 신념을 가지고 있다. 그것이 문화가 향유되고 있다는 가장 확실한 증거일 뿐 아니라 문화의 파급가능성의 증거이기 때문이다.

그는 우리 예술을 최고급 브랜드 명품으로 만들어서 세계에 팔고, 우리 국민에 대한 세계인의 인식도 바꾸려고 하고 있다. 그러기 위해서는 우리 문화구조의 왜곡현상이 시정되어야 하고, 마케팅전략이 있어야 하고, 문화의 시대에 앞서기 위해서 멀리 내다볼 줄 아는 안목이 있어야 한다.

고급예술이 대중과 유리되어서는 안 되고 대중에게 다가가야 한다는 것이 홍 교수의 소신이지만, 그렇다고 세종문화회관이나 국립극장을 대중예술의 공연장으로 개방해야 한다는 주장에는 단호히 반대한다. 이미 대중예술이 TV나 라디오, 스포츠신문 등 대중매체를 거의 모두 장악한 상황에서 순수예술의 전용공간이 확보되지 않으면 순수예술은 고사하고 만다는 것이 그의 생각이다. 그러나 고급예술의 공연장도 언제나 정부의 지원금만 소비하는 곳이 아니라 적극적으로 문화마케팅을 해서 최대한 자립을 모색해야 한다고 말한다.

그는, 예술이 기업으로부터 후원을 받으면 예술도 기업을 도우며 호혜적인 관계를 쌓아야 한다고 말한다. 이를 위해서는 문화를 '소비적 관점'에서 '생산적 관점'으로 바꾸어 보아야 한다고 역설한다. 그렇지만 또 문화를 당장 수지타산을 맞추는 사업으로 생각해서는 안 된다고 말한다. 예술에 대한 투자효과는 피렌체나 베니스의 경우에서 보듯 오랜 시간을 두고 서서히 나타나는 것이므로 꾸준한 투자가 필요하다는 것이다.

예술가들과 대화해보면, 그들 대부분은 우리 국민의 문화적 감수성 결여를 개탄하고, 정부의 지원이 시원치 않음을 개탄하고, 문화행정가들의 식견이 부족함을 개탄하면서 우리의 문화현실과 장래에 대해 비관적인 견해만 피력한다. 그러나 홍 교수는 다르다. 그는 문화의 수요는 얼마든지 촉발시킬 수 있다는 확신을 갖고 있고, 이를 위한 여러 가지 아이디어도 갖고 있다.

이 모든 것들이 혼자의 힘과 의지만으로 되는 일이 아니므로 내부의 좌절과 외부의 질시도 많았으련만, 새로운 아이디어를 꺼내놓을 때마다 홍 교수는 언제나 꿈꾸는 소년처럼 신명이 나 있다. 우리나라의 문화전통은 아직 세계에 널리 알려지지 않은 채 경제력의 향상과 함께 졸부들이 날뛰는 나라로만 인식되어 있는 현 상황에서 홍 교수 같은 문화전략가가 있다는 것은 얼마나 감사한 일인가!

베테랑 전략가답게 홍 교수는 인터넷세대를 문화인구로 회유하기 위해 인터넷을 적극적으로 활용하려 한다. 정보의 범람이 가져올 필연적인 '정보화 피로'에 대한 해독제로, 정보화에 수반되는 인간소외의 극복제로 문화를 공급하고, 정보와 문화를 상생과 보완의 동반자로 만들어 마침내 정보와 문화의 힘이 균형을 이루는 사회의 완성을 이루자는 것이 홍 교수의 구상이다.

홍 교수는 2006년 '미래상상연구소'를 설립했다. 그것을 시작으로 이제 그는 우리나라에도 무궁무진한 이야기의 보고를 만들고, 그 이야기들을 전 세계를 매혹시키고 굴복시킬 상품(그것이 영화든 소설이든 애니메이션이든 게임이든)으로 가공할 인재들을 무수히 길러내겠다는 야무진 포부를 차근차근 현실화시키고 있다.

홍 교수의 소신과 지론을 담은 이 글들이 우리 국민 모두에게 '문화를 통한 상상력의 날개'를 달아줄 수 있기를 진심으로 기원한다. 그래서 우리가 현실적 조건의 제약 때문에 온 국민의 피와 땀의 집결로도 이루지 못한 세계 1위의 꿈을, 현실의 제약을 받지 않는 창조적 상상력으로 이룰 수 있게 되기를 바라고 믿어마지 않는다.

홍 교수의 글들은 우리에게 예술의 본질에 대해서, 그리고 예술을 향유하는 인간으로서의 우리 자신에 대해서 다시 한 번 생각하게 해준다. 그리고 우리의 문화구조 왜곡현상을 바로잡고 우리 문화를 천수답에서 수리안전답으로 변화시키기 위해서 정부가, 그리고 국민의 의식이 어떻게 변해야 하는가에 대해 다양한 근거와 사례를 들어 설명한다.

비범한 안목을 갖춘 인재의 말에 귀기울이고, 그 식견을 활용할 줄 아
는 국민이 선진국을 만들어낼 수 있지 않을까.

서 지 문(고려대 영문학과 교수)

언제나 '우리'를 생각하는
우리 시대의 스토리텔러

언젠가 오찬을 함께 하는 자리에서 이어령 전 문화부장관께서 불쑥 얘기하셨다.

"홍 선생은 우리 시대에 창조적 상상력이 가장 뛰어난 사람 중의 하나야."

나 또한 미래상상연구소의 홍사종 대표를 '우리 시대 상상력의 대가'라고 생각한다. 세계는 날로 상상력의 전쟁터가 되고 있다. 상상력은 왜 중요한가? 그것은 오늘의 삶을 규정할 뿐 아니라 내일을 여는 열쇠가 되기 때문이다. 하나의 상상력이 툭 치고 지나가면서 하나의 문명이 열리고 있다. 상상력에서 뒤지면 나라건 민족이건 미래를 기약하기 어려운 시대가 되고 있다. 오늘의 상상력 전쟁터에는 포성도 연기도 없지만, 그것이 전쟁이 분명한 것은 거기에 국가 간의 명운과 생사가 걸려 있기 때문이다.

'상상력' 하면 우리는 흔히 예술적 상상력이나 과학적 상상력에 국한하여 생각하기 쉽다. 그러나 오늘날 상상력은 어느 특정 분야나 장르에 국한됨 없이 삶의 전 국면에서 요구되고 있는 요소다. 따라서 홍사종 선생이 미래상상연구소를 열었을 때, 그 '미래상상'이란 말 속에는 미래의 환경, 미래의 산업, 미래의 경제, 정치, 예술, 의학, 인문의 총체가 담겨 있다고 봐야 할 것이다. 내가 홍사종 선생을 주저없이 상상력의 대가라고 부르는 데에는 그가 이처럼 어느 한 분야에 국한됨 없이 전방위적 상상력을 펼치고 있기 때문이기도 하다.

홍사종 선생은 실로 여러 분야를 넘나들면서 "과연 그런가?"의 의문을 제시하고 "이건 어떤가?"의 방법으로 제안한다. 낡은 흙담에 발길질을 하듯이 우리가 떠받치고 있던 오래되고 낡은 가치와 관념들을 허물어내고, 이건 어떤가 혹은 이건 왜 안 되는가의 의문을 제기하는 것이다.

그는 상상력의 얼개를 '이야기'의 방식으로 풀어낼 것을 제안한다. 이야기… 실용 제일주의 시대에 이야기란 쓸데없는 것이거나 비효율적이고 비생산적인 그 무엇이었다. 그래서 '이야기를 잘하면 배가 고프다'는 말도 생겨났을 것이다. 노동하지 않고 이야기나 늘어놓는 것은 분명 타기할 만한 태도였던 것이다. 이야기는 그래서 몽상가들이나 기껏 재담가들의 전유물처럼 여겨졌던 것이다. 그러나 홍 선생은 묻는다. "과연 그런가?" 그리고 대답한다. "아니다"라고.

그는 한 발 더 나아가 '이야기가 돈이고, 이야기가 산업이며, 이야기가 미래다'라고 주장한다. 이야기를 잘하면 배가 고프다 했는데, 그는 이야기를 잘해야 배가 부르게 된다는 것이다. 이 대목에서 우리의 귀는 솔깃해진다. 우리야말로 이야깃거리가 많은 민족이기 때문이다. 생전 내 어머니만 하더라도 "내 이야기를 책으로 쓰면 소설 몇 권일 것"이라는 얘기를 자주 하시곤 했다. 나 어렸을 적에는 그야말로 '이야기'로 넘쳐났다. 집안 대소사 때면 어른들이 둘러앉아 제각각의 굴곡진 삶의 무늬들을 이야기로 풀어내는 것을 들으며 나 또한 몰래 잔망스러운 한숨을 내쉬곤 했을 정도였다. 이처럼 우리가 '이야기 많은 민족'이라는 것을 상기시키며 홍 선생은 땅 밑을 흐르는 유전을 발견한 것처럼 무한한 가능성을 점친다. 이야기야말로 우리의 미래자원이라는 것이다. 이제는 귀에 못이 박힐 지경인 영국작가 조앤 롤링의 경우가 아니더라도 그의 '이야기 자원론'에 고개를 끄덕이지 않을 수 없는 것은 그의 예측이 대부분 현실이 되고 있는 것을 느끼기 때문이다.

홍사종 선생은 한 사람의 생이 이처럼 다채롭게 펼쳐질 수도 있구나 싶을 정도로 다양한 삶의 스펙트럼을 그리며 여기까지 왔다. 약관에 유력 일간지의 신춘문예에 당선하면서 문필가의 삶을 시작하나 싶더니 곧이어 공연기획자로 이름을 날리다가 만성적자에 허덕이던 극장의 극장장으로 부임하여 기적처럼 흑자경영을 이끌어냈다. 그런가 하면 대학교수로서, 어쩌면 우리나라 최초로 기록될 만한 문화벤처기업을 창업하고 그 이윤을 대학에 돌려주기도 했다. 경기도 문화의전당 사장을 하면서 '모세혈관 문화운동'을 펼치기도 했고, 이른바 '극장을 떠난 바보음악가들’에게 끊임없이 음악 이념과 철학을 불어넣어 그들이 농어촌과 불우시설과 소외된 곳을 돌며 수 백 회의 공연을 하도록 펌프질을 해대기도 했다. 장차 국민소득 4만 달러와 함께 장밋빛 국민성공시대가 열리리라는 캐치프레이즈 앞에 “그럴까?” 하는 의문을 던지더니, 생뚱맞게도 “바보정신이 세상을 구원한다”고 나서기도 했다.

요새 그는 ‘아름다운 마을 만들기’와 ‘우리 숲 연구회’에 열을 올리고 있다. 얼핏 보면 그의 미래지향적 상상력이 이제 퇴행하기 시작하는 것이 아닐까 싶은 대목이다. 그러나 그는 진정 빛나는 미래를 열어가기 위해서는 이 주제를 건너뛸 수 없는 것으로 파악하고 있는 듯하다. 사실 이 부분에서 오히려 그의 상상력이 유난히 돋보인다는 것을 지적하지 않을 수 없다. 그의 상상력이 늘 사적 비전에서 출발하여 공적 논리를 지향하는 것을 발견하게 되기 때문이다. ‘나’에서 출발하지만 늘 ‘우리’라는 공동체를 지향하고 있는 것이다. 개인적 상상이나 아이디어로 그치는 것이 아니라 그것이 우리 공동체의 이익과 삶의 질에 영향을 미쳐야 한다고 생각하는 것이다.

사촌이 논을 사면 배가 아프다는데, 그는 그가 아는 모든 이웃사촌들이 잘되어야 성이 풀리는 사람이다. ‘내 집을 아름답게’가 아니라 ‘우리마을을 아름답게’ 만들어야 한다는 것이고, ‘우리 정원의 나무를 푸르게’가 아니라 ‘우리 강토의 산들이 아름답고 울창한 숲을 이룰 수 있도록’ 만들어야 한다는 것이다.

이 상상력의 대가는 특유의 뚝심과 보스기질까지 갖추어 자신의 상상력을 곧잘 불가능할 것 같던 현실의 지평 위에 옮겨놓는다. 어느덧 그가 심은 상상력에 물주고 햇빛 쏘이는 일은 우리에게 남겨진 과제가 되고 있다. 이 상상력 빈곤의 시대에 늘 분출하는 상상력의 샘을 지닌 벗과 동시대를 살고 있다는 점에서 새삼 잔잔한 행복감을 느낀다.

김병종(화가, 서울대 교수)

섬의 그림을 단순하게 그려놓고 나는 강의를 들으러 온 사람들에게 늘 같은 질문을 던진다.

"'섬'이라는 말과 그림을 보며 조건반사적으로 떠오르는 이미지는 무엇인가?"

대부분의 사람들은 '외로움' '고독' '갇힌 공간'이라는 답을 낸다. 그러면 나는 다시 답을 준 사람들을 향해 "섬을 어디서 보았는가" 하고 되짚어 질문한다. 대부분은 "육지에서 보았다"고 답한다.

사람들은 자기가 서 있는 곳에서 세상의 사물을 인식한다. 육지에서 섬을 보면, 섬은 사방을 향해 닫혀 있는 고립무원의 공간이다. 하지만 섬에 가서 섬을 본다면 어떨까? 섬에서 섬을 보면, 섬은 사방을 향해 물길, 뱃길을 열어둔 열린 공간, 어디로든지 갈 수 있는 가능성의 공간이다. 거꾸로 뒤집어서 보면 세계의 진실도 바뀐다.

또 같은 유형의 질문을 해본다.

"우리가 살고 있는 사회는 '생산의 핵심동력'이라는 관점에서 볼 때 과연 어떤 사회로 볼 수 있을까?"

대부분의 답은 '정보화사회'다.

학교에서 배운 대로, 매스미디어가 주지시키는 대로 관성화된 우리들의 사고영역은 똑같은 답변만을 양산해낸다. 그러면 과연 우리는 정보화사회에 살고 있는 걸까? 수렵어로사회에서 시작된 인류의 대장정은 농업혁명을 거쳐 산업혁명, 정보혁명의 고비를 숨가쁘게 넘어왔다. 그리고 이 변화를 면밀히 주시해오던 몇몇의 미래학자들은 이미 정보혁명의 태양이 지고 있음을 관찰했다. 덴마크의 미래학자 롤프 옌센(Rolf Jensen)은 자신의 저서 『드림 소사이어티』를 통해 인간의 감성과 꿈의 생산성이 높아지는 '드림 소사이어티(Dream Society)'가 도래했다고 말한다. '이야기혁명'과 '이야기사회'를 엮는 나의 주장은 바로 이 '드림 소사이어티' 담론과의 만남이 힌트가 됐다.

섬을 보는 시각으로 거꾸로 보니 세계의 진실들이 다른 각도로 보이기 시작했다. 이야기산업, 이야기전쟁 등 이 책에 나열된 키워드와 개념, 주장들은 올해 초 모 조간신문에 썼던 '이야기경제가 세계를 바꾼다' 시리즈를 좀 더 구체화시켜 확장해본 것이다. 이 주제는 나름대로 기발하고 설득력이 있다는 평가 덕분에 '건국60주년 기념 특강' 등 수많은 강연시장으로 팔려나갔다. 그 외에 이 책에 실린 나머지 글들은 그동안 틈틈이 써온 '거꾸로 본 세상' 이야기를 정리해본 것이다.

북미 아이스하키 리그(NHL)의 전설적인 영웅 웨인 크레츠키는 '좋은 선수'를 '퍽(Puck)을 빨리 좇아가는 선수'가 아니라 '퍽이 가 있을 곳에 미리 가 있는 선수'라고 정의했다. 정보화사회 이후의 미래는 우리에게 준비할 여유조차 주지 않고 전광석화처럼 달려와 머리를 치고 지나간다. '번개 치듯 돌이기는 세상을 좇는 것도 숨가쁜데, 민저 가 있을 엄두가 나겠는가?' 하고 반문하는 이들도 있을 것이다. 그래서 나는 이 어려운 시대를 뚫고나가는 길이야 말로 '역발상의 창조적 상상력' 뿐이라는 생각을 해본다.

정면으로 바라본 세계는 사실(Fact)의 세계다. 뚜껑을 열어야 진실(True)의 세계가 보인다. 농경사회와 산업사회에서는 정면만 보면서도 생존이 가능했다. 그러나 정보사회, 이야기혁명 시대에는 남다른 발상과 기발한 상상력만이 생존무기다. '거꾸로 본다'는 것은 무엇인가. 그만큼 더 많이 생각한다는 것이다. 생각한다는 것은 존재하지 않는 것을 이 세상에 존재하게 만드는 작업일 것이다. 하지만 나의 '거꾸로 보기'는 아직 부족함 투성이다.

그동안 시시 때때로 많은 아이디어를 나눠주고 영감을 일깨워준 황

성진 미국변호사와 서울대 미대 김병종 교수에게 감사드린다. 두 분들과 오랜 시간 나누었던 즐겁고 행복한 '수다'가 상당부분 이 책의 자양이 되었음을 밝히지 않을 수 없다.

옥란재에서 **홍사종** 씀

1장 이야기가 상품이 된다

3장 이야기가 삶이 된다

이야기가 세상을 구원한다

미국발 금융위기의 소용돌이가 전 세계를 경제공황의 공포로 몰아넣는 요즈음, 눈에 보이는 경제위기의 단기적 진단과 해법이 아닌 큰 줄기의 미래사회 변화를 예견해보는 일이 과연 의미가 있을까 자문해본다. 실제로 얼마 전 모 경제신문의 '이야기와 상상력이 중요시되는 사회'를 주제로 한 좌담회에서도 "내년에는 이야기와 상상력보다 실용성과 기능성에 초점이 맞춰져 제품과 서비스가 만들어질 것 아닌가?" 하는 질문을 받았다.

물론 단기적으로는 얼어붙은 사람들의 위기의식이 그간 진행되어왔던 '이야기 파는 사회'로의 진전을 상당기간 유예시킬지도 모른다. 눈앞에서 벌어지는 경제적 파탄 앞에서 다음 세상의 변화와 발전의 큰 그림을 그리는 사람은 많지 않을 것이기 때문이다. 그러나 이러한 생각들은 사회변환의 더 큰 패러다임을 읽지 못해 결국 패착(敗着)이 되는 단견일 뿐이다.

산업사회의 상징적 부작용으로 회자되는 미국의 대공황기에도 사람들은 먼 미래의 큰 흐름을 읽고 이를 극복했다. 산업사회는 다시 농경사회로 생산동력의 시계바늘을 되돌리기 않았고 오히려 극복한 후에 다음 사회로의 동력, 즉 정보사회로의 이행을 준비했다. 그러나 어쩌면 이는 사람들과 관련 없는 '시대변화'라는 도도한 물결 때문이었는지도 모른다.

경제가 급격히 위축되면 사람들은 모든 것이 과거로 되돌려지지 않을까 걱정한다. TV에서는 갑자기 귀농을 준비하는 사람들의 이야기도 소개된다. 눈앞의 미래가 오리무중일 때 인간이 가장 안전하게 기대고 싶어하는 것은 과거의 경험이다. 그러나 인류의 삶은 늘 경험하지 못한 미지의 세계로 안내된다는 중요한 역사의 법칙이 있다. 사실 경제가 어렵다고들 하지만 엄밀하게 따져보면 10년 전보다 어렵지 않고, 20년 전에 비추어보면 더 어렵지 않다. 1960~1970년대를 기억해보라. 그 시절 빈곤하고 남루했던 우리네 삶의 수준을 돌이켜보면 오늘의 어려움이란 그저 늘 닥쳐오는 인생의 고비와도 같은 잠깐의 시련에 불과할지도 모른다.

시의에 안 맞은 주제처럼 제기된 '이야기사회'에 관한 논의는 정보혁명 다음의 패러다임 쉬프트(Shift)에 관한 것이다. 인류는 농업혁명기를 거쳐 산업혁명과 짧은 정보혁명의 소용돌이를 지나왔다. 그리고 우리는 아직도 30~40년 동안 진행되어온 정보화사회에 살고 있다는 믿음을 갖고 있다. 그러나 역사의 속도는 더욱 빨라져 이미 생산의 핵심 동력이 꿈과 이야기, 감성으로 상징되는 '이야기혁명 시대'로 진입했다는 것이 나의 생각이다. 롤프 옌센이 제시한바 '드림 소사이어티'가 도래한 것이다. 정보나 IT첨단기술에서 창출해내는 부가가치보다 제품 속에 담겨 있는 이야기, 즉 브랜드와 같은 상징성이 만들어내는 부가가치가 더 커지는 시장의 변화 그리고 디지털기술과 만난 이야기산업, 소위 문화콘텐츠의 생산성에 주목해보자는 것이다. 이제 시장은 과거의 기준으로 보았을 때 전혀 쓸데없어 보였던 수요, 이를테면 이야기와 관련된 산업 같은 공급이 수요를 족발시켜 나갈 것이다. 자동차, 전자제품, 주택 같은 일반산업으로 고부가가치의 경제를 만들어내는 세상은 막바지에 도달했다. 이야기산업이야말로 가장 쓸데없는(?) 수요를 만드는 첨단 고부가가치산업이 될 것이다. 물론 IT기술과의 융합이 전제되었을 때만 가능한 일이다.

그리고 또 하나 있다. '이야기혁명 시대' '이야기사회'에서는 이야기경제에만 국한할 수 없는 또 다른 형이상학적 사회변화를 읽어낼 수 있다. 자기 자신을 커진 눈으로 돌아보게 한다는 점이다. 이야기는 정보사회의 물질적 풍요가 준 선물인 '여가'가 요구하는 재미 저편에 새로운 생명에 대한 깊은 성찰을 만들어준다. 갑자기 유행하기 시작한 녹색성장, 유기농, 천적농법, 정신건강요법 등 웰빙(참살이)과 로하스(LOHAS)에 관한 우리 시대의 주제어들은 꿈을 찾아낸 이야기사회가 만들어낸 또 하나의 산물이다.

태초부터 전해내려온 '이야기 유전자'가 발현해 솟구치며 샘솟기 시작한 인간의 무한상상력은 삶에 대하여 한층 고양되고 부박하지 않은 태도를 갖게 한다. 많이 놀아본 만큼 성숙해지는 것이다.

이야기는 힘이 세다

최근 몇 년 사이에 갑자기 이야기 붐이 불었다. 이야기가 중요한 시대에 살고 있다는 것인데, 사람들도 변화하는 세상의 패러다임을 읽고 있다는 의미다.

사실 이야기는 현재뿐 아니라 과거에도 중요했다. 이야기는 인류의 생존에 매우 중요한 매개로 활약해왔다. 한 민족이 국가의 아이덴티티를 만들고 응집력을 갖게 되기까지 이야기는 훌륭한 접착제 역할을 해왔다. 어린 시절 어머니가 들려준 이야기로부터 사람들은 생의 에너지를 얻고 평생을 살아가기도 한다.

우리의 단군신화 이야기가 단일민족 공동체 결속에 기여한 사례는 물론이거니와 2,000년이라는 엑소더스 기간이 지난 후에도 흩어진 유대민족을 다시 이스라엘 땅으로 모을 수 있었던 힘 또한 성서라는 이야기 덕분이었다. 만약 유대인에게 성서라는 이야기(신화)가 없었다면 결코 오늘날처럼 강력한 결집력으로 세계도처에서 유대인의 정체성과

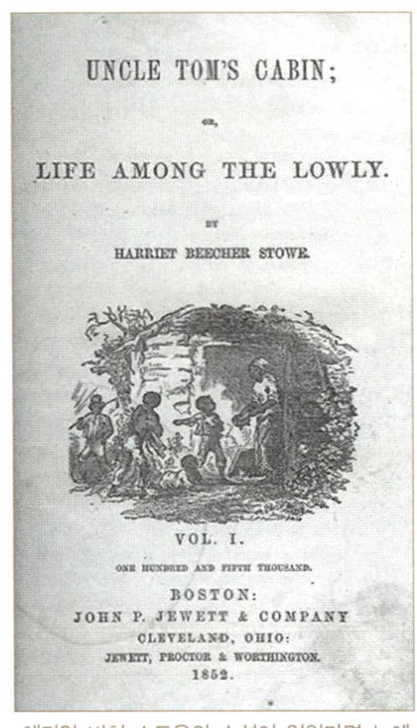

해리엇 비쳐 스토우의 소설이 없었다면 노예제도는 그 추악한 생명을 얼마간 더 이어갔을지도 모른다.

자부심을 지켜낼 수는 없었을 것이다.

따지고 보면 역사를 움직이는 가장 강력한 힘은 이야기에 있었다.

노예해방을 한 사람을 우리는 링컨 대통령이라고 배워왔다. 하지만 나는 링컨이 아니라 스토우(Stowe.H.E.B) 부인이었다고 말하고 싶다. 스토우 부인이 쓴 소설 『톰 아저씨의 오두막집(Uncle Tom's Cabin)』은 노예제도 폐지 운동 기관지 〈내셔날 이러〉지에 연재했다가 단행본으로 출판되었다. 흑인 노예의 비인간적인 삶을 목격하고 휴머니즘 입장에서 쓴 이 작품은 당시 미국 내에서 커다란 반향을 일으켜 간행 1년 만에 30만 부나 팔렸다고 한다. 링컨 대통령은 어린 시절부터 독서광이었다. 아니, 이야기를 좋아한 사람이었다는 표현이 맞을 것이다. 스토우 부인의 감동적이고 인간애 가득한 이 이야기는 북부의 많은 지식인들의 심금을 울렸고, 링컨의 양심을 각성시켰다. 남북전쟁이 한창이던 때, 워싱턴에서 스토우 부인과 만난 링컨 대통령은 "당신이 이 엄청난 전쟁을 일으킨 귀여운 여성이군요"라고 말했다는 일화가 있다. 물론 스토우 부인 이전에도 미국 지식인들의 노예해방 주장도 끊임없이 제기돼왔지만, 노예해방의 이념적 기초는 스토우 부인이라는 스토리텔러에 의해서 만들어진 것이다.

우리는 아라비안나이트의 주인공 세헤라자드에 대한 이야기를 알고 있다. 왕비의 불륜을 목격한 왕은 하룻밤에 처녀를 한 명씩 맞아들여 다음날 처형시킨다. 그녀도 같은 운명이었지만 첫날밤 이야기 한 편을 들려주고 다음날 이야기를 이어서 하겠다고 말한다. 주어지지 않은 '내일'을 요구한 것이다. 이야기를 듣기 위해서 왕은 애초에 존재하지 않았던 '내일'을 계속 이어가게 한다. 왕은 세헤라자드의 이야기를 듣기 위해 그녀의 처형을 하루하루 미루다 결국 영원히 연기하게 된다. 이야기가 그녀를 살게(구원)한 것이다. 이야기에 의해 내일과 내일이, 그러니까 삶이 이어진 것이다. 삶은 이야기를 만들고 이야기는 삶을 만든다. 그리고 인간은 이야기를 통해 과거와 미래를 잇고 삶의 추동력과 역사를 만들어낸다.

2006년 프랑스 파리에서는 개봉 2주 만에 125만 명의 관객을 동원해 대흥행을 한 영화가 현지언론에서 연일 화제가 된 적이 있었다. 〈원주민〉이라는 제목으로 상영된 이 영화는 제2차 세계대전 말인 1944년 나치로부터 프랑스를 지키기 위해 프로방스, 알사스 등 격동의 전장에 뛰어든 북아프리카 식민지 출신 병사들의 이야기를 다룬다.

이 영화가 프랑스 언론에서 화제가 된 이유는 해외식민지 출신의 '프랑스연방' 참전용사들의 보상금 및 연금 문제 때문이었다. 알제리, 튀니지, 모로코 등 1959년에 독립한 북아프리카 식민지 출신의 참전용사들에게는 그동안 참전보상금과 연금이 '내지인'에 비해 30%로 차등 지급되고 있어 국가 간 분쟁으로까지 확대된 바 있다.

감동적으로 잘 만들어진 이 영화에 출연한 4명의 주인공들에게 칸 영화제는 남우주연상을 몰아주었다. 영화가 개봉되기 전까지만 해도 프랑스의 연금법 개정은 정부의 고려사항도 아니었다. 세네갈 출신의 전 하사관 아마두 디오프 씨가 1996년 처음으로 정부에 탄원서를 냈고, 유럽인권위원회(ECHR) 헌장에 위배되는 법안 문장을 수정할 것을 촉구하는 위원회가 여러 차례 결성되기도 했다. 유엔인권위원회는 '국적에 따른 차별행위'를 이유로 프랑스를 제소하기도 했다. 하지만 프랑스 정부는 꿈쩍도 하지 않았다. 그런데 시사회에서 〈원주민〉을 먼저 본 당시 자크 시라크 대통령은 눈시울을 적시며 이들에게도 합당하고 정당한 보상금을 지급하겠다고 선언했다. 그리고 프랑스 의회는 두 달 만에 연금법개정안을 통과시키기에 이른다. 유엔도 해결하지 못했던 역사적·사회적 문제를 '이야기' 한 편이 단번에 해결해버린 셈이다.

이야기는 이성과 합리주의로도 풀지 못하는 일을 이처럼 쉽게 해결해내기도 한다. 잘 만들어진 이야기만 있다면 얼마든지 가능한 일이다.

이야기 속에 숨어 있는 복병

잘 만들어진 이야기는 인간의 무의식 속에 깊은 그림자를 만들기도 한다.

영화 〈킬링필드(the Killing Fields)〉(1984)는 할리우드의 자본이 만든 '미국영화'다. 주인공은 미국 뉴욕타임스 특파원 시드니 쉔버그와 캄보디아 출신의 통역 겸 보조기자 디스 프란 두 사람이다. 영화는 잘생긴 미국특파원과 키가 작고 못생긴 아시아인을 시종 대비시키며 전개된다. 하일라이트는 크메르루즈의 만행 속에서 캄보디아를 탈출한 프란과 미국기자가 감격적인 해후를 하는 마지막 장면이다. 태국의 난민 수용소를 나오는 프란은 미국인 쉔버그에게 달려가 마치 오랑우탄이 주인에게 매달리듯 몸을 날린다. 그에 비해 시드니는 몸을 중후하게 움직이며 감격적인 해후의 감정을 연기해낸다.

이 감동적인(?)인 장면에는 제작자의 교묘한 관점이 감추어져 있다. 미국의 거대한 힘과 인도주의적(?) 시혜 앞에 결국은 무릎을 꿇은 아시아인, 특히 캄보디아인의 자조적이고 의존 일변적인 몸짓의 언어가 용해되어 있는 것이다. 잘생기고 키가 큰 미국인의 인도주의는 강력한 자본의 힘에 의해 과장되고, 영상이라는 무차별적 전달과정을 통해 소비자들의 의식영역 안으로 확산되어 들어온다.

아카데미 상에 빛나는 미국영화 〈쉰들러리스트(Schindler's List)〉(1993)를 기억하는 사람은 많다. 스티븐 스필버그가 만들어 세계인의 심금을 울린 이 감동적인 영화의 시대적 배경과 소재는 나치독일 치하의 유대인 학살사건이다. 유대인을 가운데 두고 가해자인 나치독

일과 독일인이면서도 유대인의 입장에서 고뇌하는 휴머니스트 쉰들러의 대립구도를 감동적으로 담아낸 영화다. 단지 유대인이라는 이유 때문에

'잘 만들어진' 이야기 한 편은 진실이나 사실과는 전혀 상관없는 방식으로 소비자의 의식을 지배한다. 사진은 영화 〈쉰들러리스트〉의 한 장면.

생사의 갈림길에서 절규하는 유대인들의 고난 앞에 눈물을 흘리지 않은 관객은 아마도 없었을 것이다.

그러나 이 영화를 조금만 뒤집어 보면 단순한 감동 이면에 또 다른 제작자의 의도를 발견할 수 있다. 우선 이 영화 속의 유대인들은 한없이 힘없고 선량한 사람들로 묘사되어 있다. 반면에 독일 군인들은 하나같이 악귀 씐 잔혹한 사람들로 나온다. 사람을 벌레 잡듯 죽이면서도 양심의 가책을 느끼는 독일 군인은 하나도 없다. 쉰들러를 제외한 모든 독일군, 독일인은 나쁘다. 그러나 과연 이것이 진실일까?

그 어떤 이유로도 유대인 학살의 정당성을 찾을 수 없지만, 나치의 유대인 학살은 사실 당대 유럽 전체의 보이지 않는 묵시적 동의에 힘입은 바 크다. 다른 사회와의 동화를 거부하고 자의든 타의든 자신들만의 배타적 구역에 모여 살며 '고리대금업' '미성년자 매매춘' 등 돈되는 일이라면 물불 안 가리는 유대인이 사회적 미움의 대상으로 떠오른 것은 오래 전부터다. 역사적으로 서구의 많은 소설과 회화 속의 유대인들은 한결같이 추악하고 교활한 모습으로 묘사되고 있다. 대표적인 것이 세익스피어의 희곡 『베니스의 상인』에 등장하는 냉혹한 고리대금업자 샤일록이다. 실제로 당시 유대인들은 고리대금업은 물론 빚 대신 어린 딸을 팔게 해 인신매매시장을 운영한 것도 사실이다.

히틀러의 『나의 투쟁』에서도 언급되었듯 일부 유대인들의 악덕은 서구 일반들에게는 증오의 대상이었다. 영화 속의 쉰들러에게 법랑공장 설립자금을 내놓는 착한(?) 금융가도 사실은 제도권 안에서 어떠한 직업에도 종사할 수 없었던 돈 많은 고리대금업자로 묘사되어야 하는 것이 맞다. 그러나 이 영화의 앵글은 '독일군은 괴물이나 다름없고 유대인은 무조건 착하다'에만 맞춰진다. 유대인들이 수용소에 끌려오기까지의 역사적·사회적 인과의 흔적은 말끔히 지워지고 없다. 이유는 간명하다. 미국의 영화시장을 좌우하는 '유대인 자본' 그리고 유대계 천재감독인 스티븐 스필버그가 유대인들의 시각을 반영하여 '잘 만든' 영화이기 때문이다.

이미 미국의 영화시장, 특히 할리우드는 유대인들의 자본에 전적으로 휘둘린다고 해도 지나친 말이 아닐 정도다. 할리우드라는 이야기산업의 모든 생산기반과 생산수단을 장악한 미국계 유대인들은 전 세계에 펼쳐져 있는 할리우드 소비자들의 입맛에 맞게 수많은 블록버스터들을 만들어 공급하지만, 한편으로는 전 세계 소비자들의 무의식을 교묘히 통제한다. 소위 보편적 인류애와 자유정신을 상징한다는 미국의 제국주의적 탐욕과, '역사의 피해자 유대인'들이 세운 나라 이스라엘이 중동에서 보여주고 있는 폭력성은 근사하게 메이크업된 할리우드 필름들에 의해 철저히 은폐·엄폐된다.

어렸을 때부터 디즈니 영화를 보고 자라고, 할리우드 영화와 미국 드라마를 보며 감수성 예민한 시기를 보내온 한국인들은 이 보이지 않는 무의식의 그림자에 의해 이따금 자기정체성의 분열을 겪기도 한다. 잘 만들어진 이야기 속에 숨겨진 복병을 만난 문화소비국의 숙명이라고나 할까.

왜 이야기가 더 중요한가

예전에도 이야기는 한 민족의 아이덴티티를 형성하는 역할부터 노예해방에 이르기까지 인류사의 중요한 고비마다 중요한 역할을 해왔다. 사람들은 이야기를 소비하고, 이야기는 인간의 무의식에 잠거(潛居)한 채 영향력을 과시해왔다. 우리의 단군신화는 물론이거니와 영국의 아서 왕 전설, 프랑스의 롤랑의 노래 등 세계의 문화권마다 이야기는 민족의 정체성과 맞물려 민족동질성의 힘을 축척해왔다.

어린 시절 열심히 읽던 세계문학전집은 인간에 대한 이해와 교양 그리고 삶의 정신적 자양을 제공해왔다. 지금까지는 이 정도의 수준에서 이야기가 인간에게 영향력을 미쳐왔다. 그런데 정보사회의 도래 이후, 이야기가 단순소비의 영역에서 인간과 만나던 시대를 뛰어넘어 다른 관점의 영역으로까지 진일보하기 시작했다. 소비의 시대를 떠나 생산의 차원에서 이야기의 중요성이 새삼 읽혀지기 시작한 것이다.

정보사회의 생산수단과 급속한 결합을 도모하는 이야기시장은 이제 소설, 만화, 희곡 등 활자매체를 떠나 영화, 애니메이션, 캐릭터, 게임, 비디오 시장에 이르기까지 그 영역을 확장하고 있다. 이러한 변화를 먼저 간파한 이들이 프랑크푸르트 학파의 호르크하이머(Max Horkheimer)와 아도르노(Theodor Wiesengrund Adorno)다. 1947년 두 사람이 공동저술한 『계몽적 변증법(Dialektik der Aufkl rung)』에서는 자본주의사회에서 배양된 문화산업(Cultural Industries), 즉 이야기원료를 상업적(영화, 드라마 등)으로 가공한 대중문화를 비판하며 문화의 철학적·정신적 가치를 퇴보시켰다고 주장했다. 하지만 오늘날의 관점에서 볼 때 이는 단순소비라는 측면에서만 바라본 판단이다.

전혀 수용할 부분이 없는 것은 아니지만, 호르클하이머와 아도르노의 주장은 오늘날에 와서 정보사회의 놀라운 생산수단과 결합한 이야기산업의 또 다른 생산성에 주목해본다면 설득력을 잃는다. 이제 이야기는 단순소비의 영역을 뛰어넘어 생산의 핵심동력으로 크게 변신한 또 하나의 '신경제(New Economy)'에 다름아니다. 이 신경제의 출현을 있게 한 원동력은 무엇일까? 한마디로, 정보혁명의 부산물로 얻어진 물질적 풍요와 여가 덕분이다. 사람들이 예전보다 풍요로워진 세상에서 뭔가 더 재미있는 것들을 찾게 된 것이다. 하루종일 손마디가 닳도록 일해야만 먹고사는 농경사회에서 산업사회로 그리고 꿈의 정보사회로 진입하면서 늘어난 여가시간은 그동안 쓸데없어 보였던 놀이에 대한 수요를 촉발시켰고, 빨라진 사회변화의 주기만큼 놀이를 소비하고 싫증을 느끼는 주기 또한 빨라지게 했다. 놀이의 소비는 보다 재미있는 이야기를 찾는 신세대 소비자들의 증가에 따라 폭발적인 속도로 늘어나기 시작했고, 소설, 드라마, 게임, 애니메이션, 영화, 비디오, 캐릭터, 만화 등 이야기시장의 규모는 오히려 정보나 IT첨단기술 시장을 능가하기 시작했다.

사실 40~50대 소비자들의 '놀이'에 대한 인식은 신세대 소비자들과 다르다. 농경사회, 산업사회를 압축해서 살아온 기성세대에게 놀이란 일종의 악의 개념처럼 인식되어왔다. 어린 시절부터 '노는 것은 악이고 일하는 것은 선이다'라는 가치관을 주입받고 자라온 세대이기 때문이다. 또한 '공부하는 것은 선이고 노는 것은 악'이었다. 이들에게 영화, 소설, 연극 등 이야기상품을 구매한다는 것은 사치스러운 소비에 불과했다.

하지만 기성세대가 갑작스럽게 맞딱뜨린 정보화시대 그리고 여가의 증대는 노는 방식의 혼란을 초래했다. 그래서 놀아본 적도 없고 노는 방식을 배워본 적도 없는 기성세대는 '잘' 놀지 못하고 '막' 노는 방식을 택할 수밖에 없었다. 우리 사회 구석구석 번져 있는 룸살롱 문화와 같은 퇴폐향락문화는 바로 이러한 문화지체의 산물이다.

반면 10~20대, 30대까지의 신세대 소비자들은 어린 시절부터 다양한 놀이의 방식을 체득해왔다. 연극, 음악, 판타지소설, 게임, 애니메이션, 영화 등 이들이 경험한 다양한 놀이 접점은 구세대가 만들어놓은 단관(單館) 영화관을 전멸시켰다. 지금 우리나라 곳곳에 융성하고 있는 멀티플렉스 영화관은 다양한 놀이방식을 체득한 신세대 소비자들이 만들어낸 이야기백화점이다. 오늘날 모든 '잘 만들어진 이야기'들은 이야기에 목마른 소비자의 급격한 성장덕분으로 국가경제의 중요한 동력이 되었다.

소설, 뮤지컬, 영화, 음악 등 세계적인 이야기산업의 콘텐츠를 보유한 영국은 1992년 이후 10년간 이야기산업의 영국식 표현인 '창조산업(Creative Industry)' 분야에서 무려 93%나 성장하며 자국내 산업분야 서열 3위의 핵심산업으로 키워냈다. 2007년 현재 영국의 창조산업은 GDP의 9%를 차지하고 있다. 한 여성작가의 상상의 산물인 판타지소설 '해리포터' 시리즈가 1997년부터 2006년까지 기록한 총매출액은 우리 돈으로 308조 원(소설, 영화, DVD, 관련 캐릭터상품 포함)이었고, 같은 기간 한국의 반도체 수출총액은 231조 원이었다. 창

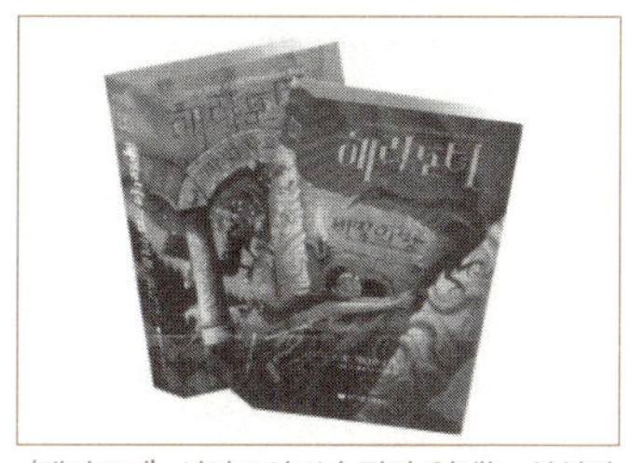

'해리포터' 시리즈의 1년 작가 인세는 삼성전자의 1년 수출총액을 넘어선다.(ⓒ연합뉴스)

작파워집단인 미국 할리우드의 영화산업 규모는 연 386억 달러로 한국 영화산업 규모의 무려 23배에 이른다.

문화콘텐츠진흥원의 자료를 보면, 한국에서도 이야기산업의 성장률은 이미 일반경제성장률의 범위를 초월하고 있음을 알 수 있다. 2003년부터 2005년까지 3년간 한국의 이야기산업 연평균성장률은 10.5%로, 이는 2005년 한국경제성장률(4.2%)의 두 배가 넘는 수치다. 세계 주요 선진국가들의 경제성장률이 2~3%대에 그치고 있는데도 2001~2005년 세계 주요 이야기산업 시장은 연평균 5.5%의 고성장을 기록했다는 자료도 있다.

재미있는 것은, 이제 이야기를 팔아 얻는 생산성이 기존 경제의 패러다임까지 바꾸고 있다는 점이다. '땀흘려 일한 사람이 부자가 되는 사회'에서 '열심히 놀며 상상한 사람도 부자되는 사회'로 이행하고 있다는 의미다. 게임에 빠져 일 안하고 공부도 안 하던 젊은이가 놀면서 만든 신종 게임이 공전의 히트를 쳐서 수출효자상품이 되고 개인의 부도 안겨준 사례는 얼마든지 찾아볼 수 있다. 오늘날 세계는 이야기에 열광하고 이야기에 목말라한다. 이제는 기발한 상상력으로 잘 만든 이야기가 곧 경쟁력이다. 누구도 생각하지 못한 기상천외한 상상력과 이야기는 첨단 디지털기술과의 융합을 통해 돈과 권력을 만들어낸다.

어디 이야기산업에만 한정된 일일까. 1차산업인 농업도, 2차산업인 제조업도 이제는 이야기를 만들어내지 못하면 고부가가치를 못 내는

세상이다. 어느 산업분야에서도 이제는 스토리텔링이 무엇보다 중요해
졌다. 그러나 전제가 있다. '잘 만든 제품'에 '잘 만든 이야기'가 입혀
져야 생명력을 얻을 수 있다는 점이다.

'정보부자'는 지고, '이야기부자'가 뜬다

가야왕국의 이야기를 다룬 김훈의 장편소설 『현의 노래』에서 철을
다루는 대장장이 야로는 돈과 권력에 가장 근접한 사람으로 묘사된다.
적어도 농경시대에서 산업시대에 이르기까지 철은 강력한 생산수단일
뿐만 아니라 부를 만들어내는 핵심동력으로 작용했다. 작가 김훈은 대
장장이의 권력을 생산수단의 관점에서 탁월하게 읽어낸다.

산업사회에서도 철의 생산과 유통을 쥔 자가 가장 강력한 부를 만들
어냈다. 스탠퍼드 대학을 세운 스탠퍼드(Leland Stanford)는 원래 철물
점 주인이었다. 미국 서부의 골드러시 때 물론 금광을 발견해서 돈을
번 사람도 있었지만 그 와중에 진짜 돈을 번 사람은 철물점 주인들이
었다. 인터넷사업으로 돈을 버는 경우도 있지만 알짜배기 수익은 장비
를 파는 사람들인 경우와 같다. 카네기(Andrew Carnegie)도 철의 공급
과 유통을 쥔 사람이었다. 그런 관점에서 본다면 산업사회 최고의 상징
적 부자는 철강왕 카네기다.

정보혁명이 지축을 흔들면서 매스미디어는 정보사회의 총아이자 세

계최고의 부자 빌 게이츠(William H. Gates)를 조망했다. 그런데 얼마 전 미국의 경제전문지 〈포브스(Forbes)〉는 세계최고의 부자순위를 빌 게이츠에서 멕시코 부자 카를로스 슬림으로 바꾸어 발표했다. 이 순위는 곧 예멘 출신의 인도 거부 암바니 회장으로 바뀌기도 했지만, 정보나 IT첨단기술이 생산의 핵심이라는 시각으로 읽어보면 여전히 빌 게이츠는 이 시대를 상징하는 세계최고의 부자다.

하지만 조금만 눈을 크게 뜨고 살펴보면 이제 '정보부자'의 시대를 지나 '이야기부자'의 시대로 변모하고 있음을 알 수 있다. 선진국은 물론 우리나라, 심지어 중국에서도 일반경제성장률에 비해 폭발적 성장을 거듭하고 있는 게임, 애니메이션, 영화, 드라마, 소설 등 이야기산업의 성장은 세계를 이야기혁명의 소용돌이로 몰아가고 있다.

이야기가 국가경쟁력인 시대를 압축해서 보여주는 인물이 '해리포터'의 작가 조앤 롤링(Joanne Kathleen Rowling)이다. 개인자산으로 보면 우리 돈으로 빌 게이츠 51조 원, 조앤 롤링이 1조120억 원으로 빌 게이츠가 훨씬 많다. 그러나 2002년부터 2007년까지 6년간의 평균재산증가율은 빌 게이츠가 2%인데 비해 조앤 롤링이 21%로 훨씬 높다.

이야기산업 시대의 도래를 증언하는 또 다른 데이터도 있다. 마이크로소프트 사의 최근 4년간(2004~2007) 순이익 증가율은 18%, 월트디즈니 사의 같은 기간 순이익은 41.4%(출처: 〈포브스〉, 영국 〈더 선데이타임스〉)로 '이야기 회사'가 '정보 회사'의 성장속도를 능가하고 있는 것이다. 2006년 디즈니의 매출은 총 353억 달러로, 세계 1위 반도체 기업인 인텔(315억 달러)을 추월했다. 영업수익률은 무려 16%다. 기업분석가들은 "디즈니의 수익성은 인텔(18%)과 맞먹고 도요타(7%)를 압도한다"며 "앞으로 이 차이는 더욱 벌어질 것"이라고 전망했다.

2007년 빌 게이츠는 다시 3,350억 원이라는 수입을 올렸고, 조앤 롤링은 3,670억 원의 수입을 올렸다. 여기서도 그냥 간과하면 안 될 요소가 있다. 빌 게이츠의 최근 수입은 이미 투자된 정보화 분야의 주식가치 등의 감소를 만회하기 위한 전략으로 '윈도우즈'라는 시장지배적 OS에 익스플로러, 미디어플레이어, MSN메신저 등의 소프트웨어를 지속적으로 끼워팔아 창출한 불공정거래의 산물이다. 마이크로소프트는 세계 각국에서 반독점소송을 당하고 있는데, 유럽연합(EU)의 법정과 국내 공정거래위원회로부터 벌금형을 받는 등 제재를 받고 있는 실정이다.

미래가 독점적 시장지배에 의해 소비선택이 강요되는 것이 아니라 소비자 스스로 주권을 갖는 시대라는 관점에서 볼 때, 도덕성과 정당성에서 앞선 조앤 롤링은 빌 게이츠보다 더 떳떳하고 진정한 부자라고 할 수 있다.

어디 조앤 롤링뿐인가. 천문학적인 R&D비용을 지속적으로 지출하면서도 한순간 경쟁우위를 빼앗기면 곧바로 도태되고 마는 반도체 등 IT산업과는 달리 상상력 하나만으로 고부가가치를 만들어내는 이야기회사와 이야기 부자들이 오늘도 미래를 향해 뛰고 있다.

21세기는 이야기전쟁 시대

이야기혁명 시대는 열심히 일하는 것만이 선이었던 전통적 경제시스템의 가치기준조차 수정할 것을 요구한다. 지금 아이들은 제도권 공부를 팽개치고 열심히 놀아도 얼마든지 부자가 될 수 있는 가능성과 만난다. 앨빈 토플러(Alvin Toffler)가 말한 '프로슈머(Prosumer)'의 시대 즉 생산자와 소비자의 구별이 없는 시대에서는 잘 놀아본 아이가 더 풍요롭게 상상하고 더 재미있는 이야기를 만든다.

21세기 들어 우리나라뿐 아니라 전 세계의 출판, 영화, 만화, 애니, 게임 등 이야기산업 시장의 급성장은 이런 신소비시장의 갑작스러운 출현이 반영된 결실이다. 디지털기술로 무장한 선진 이야기산업국들은 지금 호황기를 맞이하여 이야기원료 시장에 눈독을 들이고 있다. 바닥 난 이야기원료에 한계를 느낀 미국 할리우드는 진작부터 총성 없는 이야기자원 전쟁을 펼쳐왔다. 이전 산업사회의 원료확보 전쟁은 총칼이 수단인 식민지전쟁이었다. 영국은 인도에 면화 재배기지를, 뉴질랜드에 양모 원료기지를 구축하고 이들 나라에서 원료를 싼값에 사갔다. 앞선 기술에 의해 면직물, 모직물로 가공된 영국의 공산품은 다시 비싼값으로 식민지에 되팔렸고, 그 결과 식민지는 가난의 악순환을 면치 못했다.

그에 비해 할리우드의 이야기 자원수탈은 전 세계를 대상으로 꾸준히 진행되어왔다. 세계인이 늘 일상 속에서 소비하고 있는 미국영화의 대부분은 서구문화의 서사적 자원에서 출발한 것들이다. 디즈니의 애니메이션 또한 서구 동화작가들의 작품이거나 중동 혹은 동양의 고전에서 훔쳐간 스토리가 원형이다. 〈인어공주〉는 덴마크 안데르센 동화를 원작으로 해서 만들어진 것이고, 디즈니의 가장 오래된 명작인 〈백설공주〉는 독일 그림 형제의 그림동화에서 훔친 소재다. 〈잠자는 숲속의 공주〉는 프랑스의 동화작가 C. 페로의 작품을 원료로 가공한 것이고 〈알라딘〉은 1,000년 전 아랍의 압바스 왕조 시절의 이야기책인 『아라비안나이트』에서 엑기스를 뽑아 만든 작품이다. 〈밤비〉는 헝가리의 펠릭스 샐튼의 동화를 원전으로 사용한 것이고 〈이상한 나라의 앨리스〉는 영국의 루이스 캐롤의 소설이 원작이며, 〈뮬란〉은 중국 북조시대의 장편서사시 『목란사(木蘭辭)』가 원전이다. 〈라이온 킹〉은 일본의 TV 애니메이션 〈밀림의 왕자 레오〉를 대본만 사들여 자신들만의 독특한 방식으로 리메이크한 작품이다. 이 중에서 〈밀림의 왕자 레오〉의 경우만 저작권료를 지불했고 나머지는 시효소멸로 저작권료가 한 푼도 지불되지 않은 경우다.

이렇듯 디즈니 사는 구석기시대의 원시인으로부터 안데르센 동화를 거쳐 인디언 소녀의 삶(포카혼타스)에 이르는 수없이 다양한 전 세계의 이야기들을 수천 가지 상품으로 만들어 막대한 이윤을 올리고 있다. 타임워너, 20세기폭스, 소니콜롬비아 같은 헐리우드의 대기업들도 이야기 사냥꾼들이 사냥해 온 남의 나라의 다양한 문화원형을 영화, 애니, 드라마, 소설, 게임 같은 콘텐츠로 재창조하여 막대한 이윤을 창출한다.

그리하여 오늘날 우리의 삶은 할리우드가 재생산한 이야기산물로 뒤덮여 있다. 아이들은 TV에서 〈슈렉〉 만화영화를 보고, '파워퍼프걸'이 그려진 운동화와 가방을 메며, '곰돌이 푸우' 이불을 덮고 '백설공주'의 이야기를 듣다가 잠이 든다. 그러는 동안 할리우드의 이야기 기업들의 지갑은 점점 더 두터워지고 있다.

할리우드의 시나리오 작가들 중 70%가 외국출신이라는 짐은 이야기 자원전쟁이 결국은 이야기 가공능력이 뛰어난 인재의 확보 전쟁이라는 것을 방증한다. 이 와중에 한국도 미국의 이야기산업자본의 원료 수탈 대상국이 된 지 오래다. 할리우드는 돈되는 이야기를 찾아 늘 발빠르게 움직여왔고, 이들은 우리나라에까지 와서 리메이크용 영화대본을 사들이고 있다.

한국영화 〈텔미썸딩〉이 1999년 폭스 사에 30만 달러에 팔린 것을 시작으로 〈시월애〉가 워너브라더스 사에 50만 달러, 〈공동경비구역〉이 데이비드 브란조니 사에 100만 달러, 〈조폭마누라〉가 미라맥스 사에 95만 달러, 〈엽기적인 그녀〉가 드림웍스 사에 75만 달러, 〈달마야 놀자〉가 MGM에 75만 달러, 〈가문의 영광〉이 워너브라더스 사에 50만 달러, 〈광복절 특사〉가 미라맥스 사에 50만 달러, 〈선생 김봉두〉가 미라맥스 사에 65만 달러, 〈장화, 홍련〉이 드림웍스 사에 100만 달러, 〈괴물〉이 유니버설픽쳐스 사에 60만 달러에 팔렸고 근래에는 〈추격자〉가 워너브라더스 사에 100만 달러에 팔려나갔다.

이 중 〈시월애〉의 경우 할리우드 영화 〈레이크 하우스(The Lake House)〉(2006)로 되돌아와 한국에서 개봉되기도 했다. 이는 18세기 산업혁명 시절 영국이 인도에서 면화를 싸게 사들여 면직물로 가공해 비싼값으로 인도에 되파는 자원수탈 방식을 연상시킨다. 혹자는 한국영화의 발전이 이룬 해외수출의 쾌거라고 말하기도 하지만, 실은 이야기가 성장동력인 시대에 이야기원료 식민시장의 한계를 드러낸 자위에 불과할 뿐이다. 강력한 이야기산업의 생산수단을 쥔 헐리우드에 맞선 이야기산업 후진국이 겪는 비애라고 하는 편이 솔직한 고백일 것이다.

아무튼 미래는 이야기자원이 에너지나 광물자원만큼이나 소중한 시대다. 이 원료를 잘 지키는 것도 중요하지만, 이 싸움에서 이기려면 무엇보다 원료를 기발한 상상력으로 가공하고 잘 파는 것이 더욱 중요하다. 그런 의미에서 〈디 워〉를 할리우드에 상륙시킨 심형래 감독과 같은 '이야기전사'들을 더 많이 만들어나가야 할 때다.

이야기전쟁을 읽는 네 가지 관점

'이야기 시대'라는 새로운 시각을 정리해보면서 이 시대를 읽는 네

가지 관점을 정리해봤다.

첫 번째, '이야기의 이동속도는 빠르고 일단 이주한 이후 그 어떤 문명보다 영주능력이 뛰어나다'는 점이다. 과거 유라시아대륙에서 말은 빠른 속력으로 폐쇄된 문명의 공간을 잇고 새로운 권력을 만들어냈다.

동물의 이동수단을 이용했던 이 권력은 철도의 등장과 함께 역사의 뒤편으로 스러져갔다. 미국 서부개척사에 등장했던 철도와 자동차가 산업사회의 새로운 지배권력으로 등장하면서 세계가 또 한 번 소용돌이 쳤다. 그러나 산업혁명의 소용돌이도 잠깐, 정보혁명은 인터넷이라는 이동수단을 활용해 세상의 보폭을 확 좁혔다.

이야기는 정보혁명의 이동수단인 디지털기술과 인터넷공간을 숙주로 이용하여 이야기균사체를 온 세상에 빠르게 퍼트리고 곧 영주하는 능력을 과시했다. 태초로부터 전해지던 이야기바이러스는 당시의 이동수단을 이용해 문명과 문명 사이를 묶었다. 마차와 말, 자동차와 열차가 옮기던 균사체는 정보를 매개로 시공을 초월한 미증유의 공간까지 점령해 나갔다. 지금 세계가 벌이고 있는 소리 없는 이야기전쟁은 바로 우월한 이야기자원과 이를 가공하는 능력이 있는 나라들과의 속도전쟁이기도 하다.

두 번째, 일단 옮겨온 이야기는 가볍게 소비되기도 하지만 인간의 심층 속에 깊게 파고들며 무의식을 통제하고 지배하려는 속성을 가지고 있다는 점이다.

미국 할리우드 영화의 최대소비국인 우리나라 국민은 할리우드 영화가 지배하는 무의식의 그림자로부터 몇 발짝도 벗어 나지 못한다. 제3세계의 다양한 종교와 문화를 접하지 못한 사람들은 오직 미국의 상업자본과 미국적 종교관(기독교 세계관), 대중 문화만을 추종하는 색맹이 된다. 전 세계가 이스라엘의 야만적 폭력을 규탄하고 있는 가운데서도 우리나라는 미국의 유대자본이 장악한 할리우드 영화에 알게 모르게 세뇌되어 거의 뇌사자의 수준으로 중동의 폭력사태를 바라본다. 거꾸로, 이야기상품 생산자의 입장에서 보면, 무의식 지배의 결과는 반대의 경우로 대비된다.

한편, 최근 불기 시작한 한류열풍을 타고 일본과 동남아 시장에 만들어낸 친근한 한국문화 이미지는 이야기전쟁에서 생산자와 소비자의 숙명을 극명하게 대비시켜준다.

세 번째, 이야기전쟁은 원료확보전쟁이라는 관점이다. 이야기산업의 생산수단, 즉 디지털기술과 고차원적 상상력으로 무장한 할리우드와 이야기마케팅 능력을 구축한 세계적 브랜드 기업들은 가공생산이 가능하고 보다 중독성 높은 이야기원료를 찾아다닌다. 결과적으로 이야기전쟁의 패자는 언제나 첨단기술과 상상력이 빈곤한 나라가 될 수밖에 없다.

마지막으로 이야기전쟁은 이해관계를 놓고 첨예하게 대립하는 전쟁이 아니라 서로가 서로를 관용하는 전쟁이라는 점이다. 생산수단을 쥔 이야기강국은 산업사회처럼 상품판매를 위해 물리적 충돌을 일삼을 필요가 없다. 이야기상품을 숙명적으로 소비해야 하는 국가나 생산수단을 쥔 국가나 이야기를 나누는 것은 서로를 좁히고 이해관계에서부터 비롯된 긴장을 해소하는 일이기 때문이다. 승패와 관련없이 세계를 문화라는 공통된 이상으로 묶어내는, 인류를 구원하는 전쟁인 셈이다. 그런 의미에서 앞으로 21세기 전쟁은 내부적으로는 치열하지만 외연적으로는 서로를 관용하는 문화전쟁이 될 수밖에 없다.

남의 나라 이야기에도 빨대를 꽂아라

어떻게 해야 이야기전쟁에서 이길 것인가? 우리도 할리우드처럼 우리의 이야기자원은 물론 다른 나라의 이야기자원도 영화, 드라마, 애니 등 고부가가치의 문화상품으로 재창조하는 길을 모색해야 한다. 우리의 이야기자원을 소중히 여김과 동시에 외국의 무수한 이야기자원에도 필요하다면 과감하게 '빨대'를 꽂아야 한다는 것이다.

엄밀하게 따져보면 미국과 영국 등 주요 이야기산업 선진국들의 경쟁력 원천은 전 세계에서 영감을 얻은 이야기자원에 기인한다. 남의 나라 이야기도 주저없이 창조적으로 재창조해서 전 세계의 문화시장을 석권하고 있는 것이다. 앞서 언급했듯이, 할리우드 영화사들은 아시아와 유럽 등 고대의 역사기록과 신화 그리고 문학작품에 무수한 빨대를 꽂아왔다. 일본의 〈밀림의 왕자 레오〉를 리메이크한 〈라이온 킹〉은 7억3,000만 달러, 〈뮬란〉은 1억2,000만 달러의 순익을 디즈니에 안겨주었다.

한류 바람을 타고 아시아의 이야기산업 강국으로 발돋움하고 있는 한국의 성공한 영화들 중에서도 물론 비슷한 사례를 찾을 수 있다. 〈미녀는 괴로워〉나 〈올드보이〉, 〈플라이 대디〉 그리고 최근 개봉한 〈서양골동양과자점 앤티크〉 같은 작품들은 일본의 출판만화에 빨대를 꽂아 크게 성공한 사례들이다. 이 때문에 우리의 이야기 콘텐츠들이 일본의 문화자원에 지나치게 의존하고 있다는 비판이 제기되기도 했다. 그러나 이는 속좁은 말이다. 이야기에 열광하고 이야기로 소통하는 오늘날에는 우리 고유의 이야기자원을 가꾸고 창조해나가는 일만큼이나 다른 나라의 이야기 자원에도 개방적인 자세를 갖는 것이 요구된다. 일본만화를 토대로 재창조한 영화라고 해서 그것을 일본문화에 종속적인 것이라고 비판할 수 없다. 세계시장에서 우리의 문화상품이 경쟁력을 높이기 위해서는 다른 이야기산업 선진국들처럼 세계의 이야기 자원을 적극 활용하려는 전략이 필요하기 때문이다.

이야기전쟁 시대에 필요한 창조적 상상력을 키우는 교육제도의 대폭적 개혁, 글로벌시장 진입을 위한 언어지원, 전략적 유통시스템 지원 등 정부의 과제도 만만치 않다. 그러나 무엇보다도 중요한 것은 '우리끼리' 만 통하는 문화적 DNA를 '글로벌 모드' 로 바꾸어나가는 일일 것이다. 영화평론가 조희문 인하대 교수는 "우리나라 영화관에서 인도영화를 보기 어렵고, TV에서 베트남 드라마를 찾아보기 어렵다"라고 말한다. 문화적 다원주의를 추구해 가려는 노력이 부족하다는 지적이다.

미국 대중문화의 상징인 〈백설공주〉와 〈인어공주〉가 '독일류' 혹은 '덴마크류'가 될 수 없듯이, 잘 만든 우리영화 〈올드보이〉, 〈미녀는 괴로워〉는 어디까지나 한국영화이지 '일류(日流)'가 아니다. 한정된 자원 안에 갇힌 한류의 업그레이드를 위해서라도 우리의 이야기자원을 활용하는 것만큼이나 일본 문화원형에서부터 멀리는 중국, 중앙아시아, 시베리아 대륙에 이르기까지 아직 가공되지 않은 이야기자원에 더 많은 빨대를 꽂아야 할 것이다.

그런 의미에서 최근 중국의 고전소설 『서유기』에 빨대를 꽂아 만든 창작만화 『클로니클스』와 한국방송공사와 한호흥업이 만들어 중국과 대만, 사우디아라비아 등지로 수출하고 있는 (역시 서유기가 모태인) 애니메이션 〈날아라 슈퍼보드〉는 매우 고무적인 사례가 아닐 수 없다.

아이러니컬하게도 이야기전쟁은 군사전쟁과는 달리 세계가 서로를 관용하는 전쟁이 될 전망이다. 이야기야말로 남의 나라의 것도 분쟁 없이 마음껏 쓸 수 있는 유일한 자원이기 때문이다.

'이야기스타'로 스포츠경제 만든다

'스포츠 이야기스타'가 생산수단의 하나라고 주장한다면 한 시대를

풍미했던 프랑크푸르트 학파의 사회학자의 호르크하이머나 아도르노
는 무슨 반응을 보였을까? 대중문화를 허접스러운 이데올로기를 가리
기 위한 수단에 불과하다고 평가절하했던 그들의 시각 속에서 대중의
정치의식을 희석시키는 스포츠중계 따위는 왜곡된 사회구조가 만들어
낸 괴물에 다름아닐 것이다. 그런데 그런 스포츠가 스타시스템과 절묘
하게 결합해서 생산의 중요한 한 축이 된 세상을 우리는 만나고 있다.

연간 3조 원대의 수익을 창출해내는 NBA(미국프로농구협회)의 휴스
턴 로키츠(Huston Rockets) 구단은 2002년도부터 4년간 첫 계약으로
163억 원(연간 41억 원)을 주고 중국 농구계의 '이야기스타' 야오밍(姚
明)을 영입했다. 이에 중국인들은 중국의 농구가 세계적으로 성장한 결
과라는 자부심에 으쓱했다. 그 결과, 최근 NBA의 리서치에 따르면
15~24세까지 중국 남성 중 83%가 NBA팬이 됐다. 또 '가장 좋아하는
운동선수' 5명 중 4명이 NBA 소속 선수라고 할 정도로 현재 중국에서
는 미국농구 붐이 일고 있다.

미국의 NBA는 왜 야오밍을 비롯해서 왕즈즈, 멍크 바티에, 이젠렌
같은 중국선수들을 영입했을까? NBA가 중국의 농구스타들을 이처럼
적극 활용하는 것은 한마디로 돈이 되기 때문이다. NBA는 야오밍 등
을 이용, NBA뿐 아니라 다국적기업의 중국진출과 아시아마켓 공략에
적극 활용하고 있다. '야오밍' 이라는 이름이 중국인들에게는 스포츠를
넘어 '세계를 향한 자존심' 이라는 점을 감안, 몸값을 키운 후 중국공략

에 역이용하고 있는 것이다. 이는 중계료, 입장료 등 계량가능한 자료와 아디다스, 맥도날드 등 다국적기업의 중국진출에 관한 공동의 홍보 시너지 등 무형의 효과로도 잘 나타나고 있다. 물론 중국 또한 야오밍 등 자국 선수들을 연이어 NBA에 진출시킴으로써 글로벌 무대에서 중국의 국가브랜드를 고양하고 그 무형의 가치를 축적하고 있다.

인기 스포츠스타의 이야기도 가공만 잘하면 돈이 될 수 있다는 이런 인식 덕분에 NBA가 중국을 중심으로 2005년 벌어들인 해외 TV중계료 수입만 우리돈으로 환산하면 1,200억 원, 여기에 코카콜라, 아디다스, 차이나모바일 등 17개 마케팅 파트너쉽과 2만 개가 넘는 중국 내 스토어에서 판매되는 의류와 기념품까지 합하면 총수입의 양을 추정할 수 없을 정도다. 덩달아 야오밍의 몸값은 2005년부터 5년간 685억 원으로 뛰었지만 "중국시장에서의 NBA의 성장속도를 볼 때 향후 NBA의 야오밍 투자승수효과는 40~50배 정도로 본다"라는 것이 스포츠경제학자 앤드류 짐발리스트(Andrew Zimbalist)의 견해다. 중국 브랜드연구원은 '2006년 개인 브랜드가치 100강' 이라는 평가에서 "야오밍의 몸값이 약 134억 원으로 중국 내에서 가장 높았다"라고 발표했다. 매년 연봉과 광고수입이 최소 20% 정도 늘어난다고 가정해볼 때, 은퇴가 예상되는 2015년 전후의 불변가격 기준 야오밍의 수입은 600억 원 정도에 충분히 이를 것으로 전망된다. 누적수입은 최소 2,400억 원을 가볍게 넘길 것이다.

영국 맨체스터유나이티드
(Manchester Uniteid)는 2006년 우
리의 축구스타 박지성을 연봉 52
억 원이라는 헐값(?)에 사서 단 4
일간의 한국 방문을 통해 200억
원이 넘는 수익을 올렸다. 현재
맨유(맨체스터유나이티드) 역시 아
시아마켓을 타킷으로 활발한 마

한국 최초의 프리미어리거 박지성은 과연 대한민국의
수출품일까, 수입품일까? 《ⓒ연합뉴스》

케팅을 진행 중이며, 한국 진출에 박지성을 적극 활용하고 있다. 이렇
듯 NBA와 맨유는 전 세계 스포츠팬들을 대상으로 이야기자원인 스포
츠스타를 활용해 장사를 한다.

1984~1986년까지 한국 럭키금성 팀의 선수로 활약했던 태국의 축
구스타 피아퐁 푸에온은 K리그 사상 유일한 동남아 출신 선수였다. 당
시 태국에서 명성을 얻고 있던 그가 한국에서 활약하는 모습은 태국의
TV에 연일 방송됐으며, 태국 방송국 관계자들은 얼마 전까지만 해도
K리그 하일라이트 모음 녹화테잎을 사갔다.

여자프로농구는 아시아 최강인 중국용병들이 한 시대를 풍미했다.
지금은 아시아 최고의 센터로 성장한 중국의 천난은 한때 금호생명의
센터로 활약했다. 프로야구에는 지난 해 히어로즈에서 활약한 일본 프
로야구 출신 다카쓰 신고가 있다. 지금 일본에서는 야구의 본고장선수

(?)가 한국에서 뛰는 것이 화제다. 통한할 일은 한국 프로스포계가 한류 시장의 중심지, 아시아의 선수를 멀리 보며 거꾸로 활용할 전략이 전혀 없다는 점이다.

집안 싸움하느라고 세계로 눈 돌릴 시간이 없어서일까? 우리나라의 스포츠도 이와 같은 쓸데 없는 수요(?)에 눈 돌려 국가경제에 기여하는 역발상의 전략을 짤 때다. 경제의 영역이 어디 반도체, 자동차, 건설뿐이랴.

먼저 상상하는 자, 미래를 낚는다

필자의 아들이 초등학생일 때 명절 귀성길이면 차안에서 늘 하던 애기가 하나 있었다. 고속도로의 교통체증 해소방안에 관한 것인데, 명절마다 반복되는 아빠의 고통을 자기가 대학 가자마자 덜어주겠다는 것이다. 말인즉, '하늘을 나는 자동차'를 만들어 필요할 때마다 날게 하면 되지 않겠냐는 것이다. 그럴 때마다 아이엄마는 만화 같다며 웃었다. 그런데 아들의 이 만화 같은 상상은 몇 해 전 스스로 실현할 기회를 영영 놓치고 말았다. 아들의 대학입학을 한 달 앞두고 네덜란드 우주항공연구소(NLB)가 먼저 '스카이자동차' 개발 및 상용화의 시동을 걸었기 때문이다.

상상력이 밤하늘의 별처럼 무수히 반짝였던 천재 레오나르도 다 빈치가 비행기를 상상해서 스케치한 것은 지금으로부터 600년 전의 일이다. 비행기가 하늘을 날기 시작한 것은 그로부터 500여 년이 지난 1900년 라이트 형제의 시험비행이 성공하면서 부터다.

요즘 내가 "창조적 상상력이 중요한 세상에 살고 있다"라고 주장하면 사람들은 "상상력이 중요하지 않았던 시기가 있었던가?" 하고 반문한다. 아닌 게 아니라 따지고 보면 인류의 문명이라는 것이 다 상상의 산물이다. 하지만 그것은 기술의 발전이 오늘날처럼 첨예화되지 않은 경우에나 걸맞는 얘기다. 상상력이 중요했지만 기술이 그 뒤를 뒷받침하지 못한 시대에 남다른 상상력은 빛을 발할 수 없었다. 여기서 우리가 주목해야 할 것은 과거와 현재 사이에 가로놓인 '기술발전의 속도' 차이다.

오늘날 모든 경쟁우위의 핵심은 '남들보다 얼마나 기발하게 그리고 빠르게 상상하느냐'에 달려 있다. 더 나아가 '누가 더 재미있게 상상해 결실을 맺느냐'가 중요하다. 재미있는 상상력의 산물인 이야기 한 편이 천문학적 재화를 창출해내고 개인의 성공은 물론 국부의 원천이 되는 것을 보면 가히 상상력이 미래의 핵심자원임을 알 수 있다.

경제가 어려울수록 기업에서도, 정치에서도, 교육현장에서도, FTA로 시름에 겨운 농촌에서도 남다른 상상력으로 무장한 인재들이 나와 활발히 활동을 해야 한다. 앞으로 대한민국의 미래는 상상하는 인재들의 손에 달려 있다고 나는 생각한다. 엉뚱하면 어떠랴.

이번에는 필자의 아들이 초등학교 다닐 때의 일이다. 당시 나는 주말만 되면 아들과 함께 시골에 자주 내려가곤 했는데, 언젠가부터 아들이 동행을 거부하기 시작했다. 이유는 '아빠가 시골에 가면 자신과 놀아주지 않고 일만 한다'는 것이다. 그래서 내가 타협책으로 같이 놀거리를 만들어보자고 했더니, 아들의 요구인즉 '방어기지를 만들어달라'는 것이었다. 순간 나는 아들이 즐기는 전략시뮬레이션 게임인 〈스타크래프트〉와 〈시저〉 시리즈가 생각났다. 이들 게임은 전쟁을 시작하면서 으레 방어기지부터 쌓아야 승리할 수 있는 게임이다. 늘 접하는 게임에 관성화된 아들의 머릿속에는 전쟁 하면 '방어지기'의 도식이 꽉 차 있었다. 그때 내가 한 가지 아이디어를 떠올렸다. 방어기지 대신 공격기지는 어떨까 하는 생각인데, 제안을 받고 난 아들도 어차피 나무 위에 집 지어주는 건 마찬가지라고 판단했던지 흔쾌히 수락했다.

우리는 힘을 합해 나무 위에 '공격기지'를 완성했다. 그런데 열심히 일손을 돕던 아들이 갑자기 문제를 제기했다.

"아빠, 여기서 우리가 공격을 준비하거나 능선을 따라 공격을 개시하면 적들은 고지 위에서 가만히 있나요?"

바보가 아닌 이상 적들도 이 '노출된 공격기지'를 향해 60m유탄발사기로 공격을 해올 것이 분명하다는 아들의 의견이었다.

"그럼 어떻게 할까?"

난색을 표하는 나를 보며 아들이 해결책을 제시했다.

"땅굴을 파요. 고지를 점령하는 방법이 능선밖에 없나요. 땅속으로 파고 들어가거나 낙하산으로 공격하거나……"

방어 위주의 전쟁도식을 '공격기지'로 바꾸어주는 순간 아들은 스스로 문제를 만들고 해답을 위해 엉뚱한 상상을 하고 있었다. 그해 겨울이 올 때까지 아들과 나는 주말마다 땅굴을 파며 지냈다.

영국의 BBC는 몇 해 전부터 교육개혁에 관한 프로그램을 집중편성해 창의적인 인재육성을 위한 교육개혁 주제를 심도 있게 다루고 있다. 『해리포터』의 작가 조앤 롤링처럼 창조적 상상력을 가진 인재 한 사람을 키우는 일이 국가경쟁력 강화에 얼마나 중요한지를 인식했기 때문이다. 이야기혁명 시대, 자원빈국 대한민국이 살길도 상상력이 풍부한 인재를 키워나가는 일에 있다.

선진국이 되느냐 마느냐가 바로 창의적 인재의 육성 여부에 달려 있다. 그런데 이러한 여정의 가장 큰 걸림돌이 바로 우리나라의 교육제도다. 경제협력개발기구(OECD) 자료에 따르면, 우리나라의 대학진학률은 83%로 일본(45%)의 두 배에 가깝다. 진학률만 놓고 보면 지식강국의 유리한 대열에 서 있는 셈이다. 하지만 정작 문제는 교육의 '질'이다. 도토리 키재기 식의 평준화교육도 문제지만, 우리의 학교에서는 여전히 5개 중 하나만 골라내는 시험을 치른다. 수없이 많은 정답이 요구되는 이 세상의 진정한 이치는 정작 교육현장에서 외면받기 일쑤다. 우리의 교육제도는 학생들에게 오직 '방어기지'만 존재한다고 학생들에게 가르치고 있다. 이러한 한계를 보완하고자 도입된 논술교육에서도 사실상 '외워야 할 정답'이 인정되고 있는 실정이다.

창의적 상상력과 아이디어는 이종(hybrid)결합에서 나오는 경우가 많다. 하지만 우리의 경우 고등교육에서도 사정은 마찬가지다. 우리의 대학교육 시스템은 인문, 경영, 공학 등 학제 간 융복합을 외면하고 각자의 영역에서 '성 쌓기 식 교육'에만 열중하고 있다.

이제는 쉽고 재미있는 교육방법도 개발해야 한다. 문학서적을 읽기 전에 만화책을 많이 읽게 해주는 방법도 좋다. 세상의 모든 위대한 창조적 산물들을 찬찬히 뜯어보면 대부분 만화적 상상력에서 비롯뇐 것임을 알 수 있다. 만화가들은 이미 100년 전에 달에 착륙했고, 유비쿼터스 세상도 앞서 경험했다.

우리의 아이들에게 세상 앞에 놓여진 수많은 정답을 볼 수 있게 해주어야 한다. 전쟁이라면 '방어기지'만 떠올리는 우리의 어린 상상가들에게 '공격기지'를 만들어주는 어른이 되자.

1장

이야기가 상품이 된다

"경주에 가면 성덕대왕신종과 에밀레종이 유명합니다. 여러분은 어느 종을 먼저 보고 싶은가요?"
예상했던 대로 상당수의 학생들이 '에밀레종'을 먼저 보고 싶다고 답했다. 종의 '이름(성덕대왕신종)'을 선택하기보다는 .종의 '이야기(에밀레종)'를 선택한 것이다. 사실 성덕대왕신종과 에밀레종은 같은 종이다.

**이야기를 발굴해야
한류도 산다** | NHK의 〈겨울연가〉의 방영 여파로 일본열도 전역에 이른바 '욘사마 열풍'이 불고 중국, 동남아 등지에서도 한류열풍이 뜨거울 때 우리의 최대관심사는 '어떻게 하면 한류를 지속시킬 수 있을 것인가'였다. 그러나 문화계 및 정부·지방자치단체까지 합세한 다양한 아이디어들의 양산에도 불구하고 2005년 KOTRA 일본 나고야 무역관은 "한류열풍에 이상징후가 나타나고 있다"라고 진단했다. 일본의 한국영화 수입액과 드라마 시청률이 갈수록 떨어지고 있다는 것이다. 그런데 사실 이는 충분히 예견됐던 일이다.

나의 일관된 생각은 "한류열풍이야말로 유행의 일시적 반복현상일 뿐"이라는 것이었다. 1980년대 홍콩영화가 아시아대륙을 열광케 했지만 이내 식상한 내용과 빈곤한 콘텐츠라는 한계에 부딪혀 사라졌다가 이따금 얼굴을 내미는 것처럼, 대중문화에 전적으로 의존한 한류열풍은 필연적으로 주기적인 한계와 만날 수밖에 없다. 한류붐을 지속시키기 위해 필요한 것은 우리의 이야기 자원을 부단히 캐고 다듬어 나가는 일이다.

나의 관점이 맞는다면 세계는 이미 '이야기 자원전쟁'에 돌입했다. 이제 정보사회의 태양은 지고 생산의 핵심동력이 이야기로 옮겨왔다고 해도 과언이 아닐 만큼 세계는 이야기를 사고팔며 이야기에 열광한다. 많은 시간과 인력의 투자가 필요한 반도체산업보다 이야기가 더 많은 수익을 창출해내고 있다. 삼성전자의 수출이익보다 판타지소설 『해리포터』의 판매가 더 높은 수익을 만들어낸다. J.R.R 톨킨의 『반지의 제왕』이 만들어내는 원소스멀티유즈 시장까지 합하면 판타지산업의 부가가치 총량은 가히 천문학적이며 우리의 정보기술(IT) 산업규모를 가볍게 상회한다. 한 개인의 상상력에서 출발한 이야기가 한 국가의 자산이 되고 있음을 보여주는 좋은 사례다.

주목해야 할 것은, 이렇게 이야기산업을 비약적으로 발전시킨 나라들의 사례가 결코 우연이 아니라는 데 있다. 『해리포터』와 『반지의 제왕』의 뿌리를 따라가면 그 민족(국가)의 무궁한 서사적 자원과 맞닿아 있음을 알 수 있다. 태초에 생성된 이야기는 설화나 신화로 이어지고, 그 자양 위에서 상상력을 키우고 자란 작가들에 의해 '고전'으로 완성된다. 그리고 그 이야기는 또 다른 이야기를 만들어낸다.

서사적 자원에서 캐낸 '아서왕 이야기' '캔터베리 이야기' 등이 수

많은 고전의 다리를 건너며 『해리포터』와 『반지의 제왕』까지 이어져 급기야 첨단 테크놀로지와 결합한 것이다. 전 세계 유통망을 통해 누구도 넘보지 못할 입지를 다진 할리우드의 성장 역시 서구의 역사적 뿌리에서 배태된 이야기 자원의 지속적인 공급이 있기에 가능했다.

인프라가 되어줄 이야기자원의 개발 및 공급 없이 수출되는 한류 드라마가 주는 환상은 일정 기간이 지난 후 외면받을 숙명을 안고 있다. 한국은 단군신화, 삼국유사, 중근대사, 현대사에 이르기까지 서사적 자원이 풍부한 나라다. 문제는 이런 자원이 어떤 작가들의 상상력과 만나 어떻게 탄탄한 이야기 토대로 재탄생하는가에 있다. 스타 몇 명에 일희일비하는 한류 정책이 아니라 장기적으로 이야기 작가를 발굴하고 문학, 연극 등 기초예술 분야에 과감한 투자와 지원을 해야 할 이유가 바로 여기에 있다.

'넥타이이론'과 이야기사회

도완녀의 첼리스트 된장……. 곡절을 모르는 이라면 '첼로'와 '된장'처럼 안 어울리는 관계는 없다고 생각할 것이다. 명문 음대를 나온 한 여성 첼로연주자가 물 좋고 산 좋은 강원도 정선에서 한 스님과 만나 부부의 연을 맺고 된장을 담그며 살고 있다. 그녀는 방문객을 위해 수천 개의 장독을 무대 삼아 첼로를 연주한다……. 이 '도완녀의 사연'을 아는 사람들의 마음속에서는 낯선 서양악기 첼로가 우리 생활 속의 된장과 허물없이 만난다.

이렇게 탄생한 '첼리스트 된장'이 백화점은 물론 홈쇼핑에서도 날개돋 친듯 팔렸다고 한다. 더욱 흥미로운 것은 일반 된장보다 7배나 비싼 가 격에도 불구하고 주문량이 갈수록 늘어서 화제가 됐다는 점이다.

제프리 존스 전 주한 미 상공회의소 회장이 수 년 전에 신문인터뷰 에서 한 말이다.

"한국은 문화적인 이미지를 업그레이드해야 한다. 같은 넥타이라도 한국에서 만들면 5달러, 이탈리아에서 만들면 35달러다."

여기서 '넥타이'의 개념은 앞서 예로 든 '된장'과 같다. 같은 된장 이라도 도완녀가 만들면 35달러를 받고, 일반인이 만들면 5달러를 받 게 된다는 뜻이다. 한국에서 만든 넥타이에는 물건값만 존재할 뿐 어디 를 찾아봐도 '첼로(이야기)'가 없다. 문화적인 이미지를 만들지 못해서 5달러에 자족해야 한다는 얘기인데, 이는 곧 '새로운 세상변화에 무감 한 한국인'이라는 일침처럼 들린다. '도완녀의 된장'과 J.존스의 '넥타 이론'에서 우리가 사는 시대의 중대한 변화를 감지해야 한다.

이미 세상은 정보화사회를 지나 새로운 사회로 거취를 이동했다. 정 보와 IT첨단기술이 생산의 핵심동력이고 가치중심이던 사회에서, 이 야기가 생산동력과 가치중심이 되는 사회로 옮겨간 것이다. 이제 이야 기, 즉 문화가 돈이 되는 사회에서 우리는 살고 있다. '물건값'과 '이야 기값'의 차이는 된장의 경우 7배, 넥타이의 경우 30달러다. 이야기의 부가가치가 제품의 부가가치를 몇 배나 능가하고 있는 것이다. "물건을 팔면 안 팔리고 이야기를 팔아야 팔린다”는 소리까지 나온다.

그러고 보니 요즘 세상은 이야기천국이다. 관광상품도 이야기 없이는 사람이 안 모인다. 〈모래시계〉 이야기와 정동진, 〈겨울연가〉 이야기와 남이섬, 춘천…… 갑자기 서점에서 잘 팔리기 시작한 ‘그리스로마신화’, 어린이들에게 폭발적인 인기를 모으고 있는 ‘해리포터’ 이야기와 각가지 사연을 담은 화이트데이, 바렌타이데이, 블랙데이, 빼빼로데이 등……. 이들은 모두 우리가 이야기사회 한가운데 있음을 소리높여 일깨워주는 코드들이다. 세상변화를 읽으면 사는 의미도 새롭다.

이야기와 감성을 팔아라 | 1970년대만 하더라도 우리가 시장에서 옷을 살 때 내세운 첫 번째 기준은 아마 옷감의 질이 아니었나 싶다. 나이가 든 분들일수록 먼저 어느 회사 제품인지를 확인한 후 ‘모직’인지 ‘혼방’인지를 살폈던 경험을 가지고 있을 것이다. 다음으로는 바느질 상태가 꼼꼼히 되어 있는가를 점검한 후에야 지갑을 열었다. 그런데 오늘날의 소비자들에게는 옷감과 바느질 상태는 거의 고려대상이 되지 않는다.

놀랍게도 여든을 훌쩍 넘기신 나의 어머니는 옷을 선택할 때 첫째로 브랜드, 둘째로 디자인을 따지신다. 브랜드는 제품 자체라기보다는 그 옷을 만든 회사의 이미지와 신뢰를 담은 ‘이야기’이며, 디자인은 곧 감성이고 문화다. 이렇듯 이제 시장에서 소비자들은 물건을 사기보다 그 물건 속에 담겨 있는 이야기와 문화를 산다. 시장이 이성의 힘에 의해서보다 이야기와 감성의 힘에 의해서 움직이고 있음을 말해주는 것이다.

이를 확인해보기 위해 내가 가르치는 학생들에게 다소 엉뚱한 질문을 던져봤다.

"경주에 가면 성덕대왕신종과 에밀레종이 유명합니다. 여러분은 어느 종을 먼저 보고 싶은가요?"

내가 예상했던 대로 상당수의 학생들이 '에밀레종'을 먼저 보고 싶다고 답했다. "성덕대왕신종은 나중에 보겠다"는 의견과 "보고 싶지 않다"는 사람도 나왔다. "혹시 같은 종 아닌가요?"라며 나의 질문 속에 담겨 있는 함정을 발견한 학생도 있었지만, 중요한 것은 똑같은 종(鐘)이라도 종이라는 물건이름(성덕대왕신종)을 선택하기보다 종의 이야기(에밀레종)를 선택하겠다고 나선 대다수 학생들의 태도다. 단순하게 시장에서 물건을 팔던 시대의 종말을 알리는 변화의 징후가 아닐 수 없다.

이야기와 감성을 팔아야 시장에서 승리할 수 있다는 사실을 검증해주는 사례는 이미 기업들의 광고전에서도 잘 나타나고 있다. 국내 여러 기업들의 자문에 응하고 있는 나의 눈에 비친 A전자와 B전자의 대형 냉장고 판촉전은 꿈과 이야기, 감성이 오늘날의 시장에서 얼마나 중요한 소비코드인가를 알 수 있게 한다.

2000년대 초반 광고계의 흐름을 바꾼 사건이 있었다. 바로 대형냉장고 광고인데, B사는 초기 텔레비전 광고에서 냉장고 앞에 양 한 마리를 가져다 놓고 "소리가 나지 않는다"며 계속 물건의 기능만 선전한다. 그에 비해 A사는 기능에 대한 일체의 설명 없이 여성탤런트를 등장시켜 "남자들은 모른다, 주부가 갖고 싶은 꿈의 냉장고"라며 초지일관 꿈과 이야기를 판다. 초반부에는 '기능'을 판 회사가 우세했지만 나중에는 '꿈과 감성'에 호소한 회사의 완전 우세로 역전됐다. 꿈과 감성과 이야기의 힘이 기술과 물건 중심의 광고를 이긴 것이다.

시장이 완전히 이야기와 감성의 시장으로 변했다는 징후는 이밖에도 도처에서 감지된다. 숲 그 자체가 상품이던 광릉수목원에 이야기를 담아 파는 '숲 해설가'가 등장하면서 관람객 수가 엄청나게 늘어난 경우나 삼성전자의 '애니콜'이 중국시장에서 한류스타의 이야기와 결합해 창출해낸 판매승수효과 등은 기존의 이성과 합리주의 경영이론으로는 설명이 불가능한 사례들이다.

이야기시장은 여기서 멈추지 않고 관광시장까지 파고든다. 드라마 〈모래시계〉의 이야기가 정동진 관광특수를 만들어낸 것이나 〈겨울연가〉의 촬영지가 감성지수 높은 일본 주부관광객들을 끌어들이는 유인요소

정동진이 자랑하는 세계최대의 모래시계.

가 된 사실 등이 그러하다.

그뿐인가. 달걀시장의 변화도 꿈과 이야기시장의 위력을 실감나게 한다. 요즘의 많은 소비자들은 밤새도록 백열전등을 켜놓고 뽑아낸 양계장 달걀보다 다소 비싸지만 '수정란' '자연란' 이라는 이름의 달걀을 선호한다. 작금의 로하스(LOHAS) 소비경향 속에서는 비윤리적 생산방식의 산물인 양계장 달걀이 갈수록 밀릴 수밖에 없겠지만, 무엇보다 자연란 속에는 닭장 구석구석에서 따뜻한 닭알을 찾던 어린 시절의 꿈과 이야기가 담겨 있기 때문이다. 달걀 속에 담긴 이야기의 값, 즉 '꿈과 추억의 값' 에 사람들은 아낌없이 논을 지불하고 있는 것이다.

그런데 정말 놓쳐서는 안 되는 것은, 우리가 맞닥뜨리는 시장변화의 코드 속에 더 큰 세상의 흐름을 읽을 수 있는 단서들이 숨겨져 있다는 사실이다. 그것은 이제 생산의 핵심동력, 즉 세상의 가치중심이 정보와 첨단기술에서 이야기와 감성, 문화로 옮아가고 있다는 사실이다. "이야기와 감성을 팔아라!" 다음 사회로의 변화를 읽는 자가 시장에서 승리하는 자가 된다.

냉장고가 '사랑' 인 이유 | 냉장고처럼 주부들을 대상으로 하는 가전제품의 경우 판매의 성패는 광고에 달려 있다고 해도 과언이 아니다. 오죽하면 '광고전쟁' 이라는 말이 나왔을까. 아무튼 냉장고의 광고전쟁 중 세상변화의 일단을 상징적으로 말해준 광고전이 A

전자회사의 '○○' 대(對) B회사의 '△△△'의 싸움이다. 양사의 싸움은 2000년대 초반의 일이지만 아직까지도 광고업계에 회자되고 있다.

이 양대 가전사가 한국을 대표하는 기업들인 것은 두말할 나위도 없거니와 기술력 또한 국제랭킹을 차지할 만큼 만만치 않다. 상황이 이쯤 되니 양사의 대표브랜드로 출시됐던 A사의 ○○와 B사의 △△△가 시장에서 격돌하게 된 것은 이미 예고된 수순이었다. 그런데 여기서 주목할 것은, 출고시점부터 양사가 시장을 보는 시각을 판이하게 달리했다는 점이다. 먼저 B사의 △△△는 시장이 과거와 마찬가지로 '보다 나은 기술'을 원한다고 생각한 것 같다. 이를 반영하듯 B사가 만들어 내보낸 TV광고는 지극히 기능중시형 광고였다. 냉장고 앞에 양탄자를 깔아놓고 양 한 마리를 올려놓은 채 "소리가 나지 않는다…… 소리가 나지 않는 냉장고 △△△"를 끊임없이 반복했는데, 이는 경쟁사의 제품보다 소음 없음을 강조한 것이다. 반면 A사 역시 첨단기업답게 기능을 자랑할 만함에도 오로지 텔런트 최명길을 등장시켜 "남자들은 모른다, 주부가 갖고 싶은 냉장고 ○○"만을 꿈결 같은 화면 속에서 계속 강조했다. B사가 '기능'을 판 경우라면, A사는 주부들의 '갖고 싶은 꿈'을 판 것이다. 더구나 광고에 애꿎은 남편까지 끌어들여 나의 경우도 '아내가 갖고 싶어하는 냉장고구나' 하는 생각을 다 했으니 실로 굉장한 심리마케팅인 셈이다.

두 냉장고가 '기능'과 '꿈'이라는 컨셉트를 가지고 격돌한 초반부는

B사의 판정승으로 끝난다. 그런데 진짜 문제는 그 다음부터다. A사 내부에서는 당연히 광고전략이 잘못됐다는 여론이 제기되었음에도 경영진은 미래시장은 꿈을 파는 시장이라는 확신을 갖고 계속 밀고나간다. 이제는 꿈과 이미지를 팔아야 시장에서 승리할 수 있다는 입장을 고수한 것이다. 이것이 A사의 광고가 최명길의 '꿈 시리즈'에서 탤런트 이영애의 "○○은 사랑입니다" 등으로 변신하기까지의 일화다.

A사는 심지어 소비자를 대상으로 한 〈○○음악회〉까지 열어 제품을 문화적 감성과 결합시키려는 노력을 경주한다. A사 최종 승자는 꿈과 문화를 판 기업이었다. 현재 시장에서 A사의 점유율은 B사의 두 배를 뛰어넘었다고 한다. B사 측이 뒤늦게 각성한 것은 우위구도가 확실히 판가름난 이후부터다. B사는 그 뒤 탤런트 심은하를 등장시켜 목욕탕씬을 찍고, 그 후에는 탤런트 김희선까지 모델로 나와 조수미 노래를 배경으로 "여자라서 행복하다"를 강조하게 된다. 이때부터는 기능에 대한 자랑은 일언반구도 없었다. 단지 B사 냉장고의 고품격 이미지만을 부각시키려 애쓰는 모습이 애절해 보일 정도였다.

물건도 중요하다. 그러나 지금 사람들은 물건을 사기보다 물건 속에 담긴 꿈과 이미지를 산다. 제품에 문화가 결합해야 설득력을 갖는 이른바 컬덕트(CULture+proDUCT)의 시대가 도래한 것이다. A사의 제품이 단순한 냉장고가 아니라 '사랑'인 것은, 이미 시장이 이성지배에서 감성지배로 변했다는 트렌드의 일단을 설명해준다. 변화를 앞서 읽은 기업만이 살아남는다.

장사꾼 '박인출' 이야기

잭 캔필드의 『마음을 열어 주는 101가지 이야기』(류시화 역, 이레, 2001)에 실린 한 편지의 내용을 소개하자면 이렇다.

병원진료를 받아본 일이 없었던 필자미상의 편지 주인공은 암에 걸린 아버지를 모시고 처음으로 병원을 찾았다. 직원들의 불친절 속에서 차트 하나로 바뀐 그녀의 아버지는 모든 위엄과 자존을 박탈당한 채 다섯 시간이나 이리저리 끌려다녔다. 병원에서 그녀의 아버지는 파일번호 중 하나에 불과했고, 의사가 기계적으로 하는 말을 알아듣지 못해 되묻기 일쑤인 귀찮은 환자일 뿐이었다. 그러나 주인공은 말한다. "당신들이 그렇게 취급한 나의 아버지는 온갖 어려움 속에서 나를 키워주셨고, 나를 신랑에게 인도해주셨고, 내 아들이 태어날 때 받아주셨고, 내가 슬픔에 잠길 때 나의 위안이 되어주셨던 그런 분입니다."라고.

서울 강남을 기점으로 전국에 걸쳐 치과병원 네트워크를 구축하고 있는 '예치과 그룹'의 박인출 회장은 동료들로부터 곧잘 '장사꾼'이란 비판을 듣곤 한다. 다른 치과에 비해 진료비가 싼 것도 아닌데 환자들이 그토록 많이 찾아가는 이유는 그가 의료기술보다 장사꾼적 수완에 더 많이 의존하는 사람이기 때문이라는 것이다. 도대체 그가 의사로서의 본분을 포기하고 어떤 장사를 했기에 동업자들의 입방아에 오르내리는 걸까?

그는 지금까지 유지되어왔던 치과병원에 대한 일반인들의 고정관념을 철저히 깨버렸다. 예를 들어, 그는 긴장감을 유발하는 흰색과 회색 중심의 내부 인테리어부터 안락한 가정집의 응접실 분위기로 바꿨다. 흔히 우리네 환자들은 의사의 전문용어를 못 알아들어도 질문할 엄두조차 못 낸다. 무시당할까, 타박당할까 두려워서다. 그러나 그의 치과에서는 환자가 묻기 전에 의사가 먼저 말을 건네고 상세하게 설명해주며, 따라온 가족에게까지 친절한 서비스와 배려를 잊지 않는다.

박인출 회장은 '시대가 새로운 병원을 요구한다'는 캐치프레이스 아래 "의료는 치료기술만으로 이뤄지는 것이 아니다"라고 선언한다. 그래서 인간에 대한 배려에 초점을 맞춘 행동표준을 만들어놓고 동료 의사들과 공유하며, 나아가 그에 입각한 '병원마케팅'을 펼쳤다. 앞서 예로 든 편지의 주인공과 같은 마음을 먼저 헤아리고 고객의 입장에서 환자를 대하는 섬세한 서비스가 바로 예치과의 마케팅, 즉 '장사'의 핵심인 셈이다.

예치과 그룹 산하 병원네트워크가 고객으로부터 그토록 사랑받는 병원이 된 것은 바로 철저한 '장사꾼 정신' 때문이다. 그런데 사농공상(士農工商)으로 직업에 서열을 매기던 유교적 고정관념 때문일까? 우리들은 이 '장사꾼'이란 호칭을 전문직업 분야에서 열심히 일해 성공한 사람들을 폄훼하는 말로 곧잘 사용하곤 한다. 박인출 회장의 경우도 마찬가지고, 교육의 진정한 '소비자'인 학생을 중심에 놓고 서비스 혁신을 이룩해 학교를 명문의 반열에 올려놓은 교육기관의 수장을 장사꾼이라 몰아붙이기도 한다. "아무개는 교육자가 아니고 장사꾼이다"라는 식의 비아냥이다. 어디 교육계뿐이랴. 공공문화단체에서 경쟁력 있는 프로그램을 개발하고 이를 고품격의 서비스와 함께 판매하여 자발적 수요를 창출해내면 "문화를 너무 상업화한다"고 비난한다.

그러나 나는 세상의 모든 분야가 장사로부터 멀어지는 순간 성공으로부터도 멀어진다는 생각이다. 기업이 장사를 잘하면 기업의 가치와 더불어 나라경제도 윤택해지는 것처럼, 각 작업분야의 종사자들도 저마다 장사를 잘하면 그 분야의 발전은 물론 의료복지, 교육발전, 문화창달이라는 공적 이익과 가치창조도 더불어 제고되기 때문이다.

의학의 아버지 히포크라테스, 인류의 교사 소크라테스, 비극작가 소포클레스를 탄생시킨 고대 그리스인들도 장사꾼이었다. 수백 년간 지중해의 통상을 석권하며 유럽문화 발전에 지대한 공헌을 한 베네치아인들도 철저한 장사꾼이다. 중세의 암흑을 깨고 르네상스의 찬란한 빛을 쏘아 올리며 번영했던 이탈리아의 여러 도시국가들이 다름아닌 장사를 통해 그 번영을 구가했다는 것을 우리는 역사에서 배울 수 있다.

장사꾼은 끊임없이 수요자라는 다른 대상과의 접촉을 요구받는다. 접촉은 정보라는 형태의 자극을 생산하고, 자극은 이 세상에 존재하지 않는 것을 존재하게 만드는 일에 일조한다. 앞으로 공공적 사업분야에도 박인출 예그룹 회장 같은 장사꾼이 지금보다 더욱 득세하는 세상을 기대해본다. 장사꾼이 득세해야 나라도 산다.

되는 일이 없는 것이 인생이다. 세상 누구나 계획한 대로 성취하며 살아가는 사람은 없다. 마음먹은 대로 다 된다면 온세상 가득 고여 있는 근심걱정은 애초부터 없어야 한다. 이를 반영이라도 하듯 누구나 '나는 되는 일이 하나도 없다'고 생각하며 살아간다. 내가 가르치는 학생들에게 "요즘 되는 일이 좀 있나?" 하고 물으면 한결같은 답변은 "No"다. 그런데 이 '되는 일 없는 세상'을 거꾸로 팔아서 성공한 사업이 있으니 그게 바로 영화산업이다.

미국작가 존 스타인벡의 『분노의 포도』는 미국 공황기를 살아가는 빈곤한 노동자 일가의 신산한 삶의 애환을 다룬 소설이다. 이 소설 속의 주인공들은 단돈 몇 달러의 임금을 더 받기 위해 포장마차를 타고 수백 킬로미터의 장거리이동도 마다하지 않는다. 몇 센트의 빵값을 아끼기 위해 아낙네들끼리 아귀다툼을 하고, 단돈 1달러 때문에 살인까지 벌일 정도로 노동자들의 삶은 절박하다. 그 와중에도 이들이 돈을 아끼지 않는 유일한 일은 읍내에 새로 들어온 영화를 관람하는 것이다. 도대체 영화 속에 무엇이 담겨 있길래 그들은 하루종일 품판 돈을 아까워하지 않고 쾌척하는 것일까?

영화표를 사는 것은 다름아닌 꿈을 사는 것이다. 현실이 각박하고 되는 일이 없을수록 사람들은 물건을 사기보다 꿈을 사려고 한다. IMF 시절 나의 아내도 외식비는 줄여도 아이들 교육비는 줄일 수 없다고 선언했다. 교육비는 우리의 또 다른 미래인 아이들의 꿈을 사는 비용이기 때문이다.

영화야말로 꿈을 파는 사업이다. 곰곰이 되짚어 보면 우리 영화 속의 주인공들도 한결같이 되는 일이 없었다. 제작자는 그들이 평범하거나 편안하게 살도록 내버려두지 않고 항상 위기일발 아니면 극한적 상황까지 몰아가기 일쑤다. 어려운 상황 속에서 되는 일 없는 사람들은 '그래…… 저게 바로 나야……' 하고 중얼거리며 스크린 속의 주인공과 자신을 끊임없이 일치시킨다. 그리고 가난했던 청년이 갑부가 되고 별볼일없던 기자가 공주와 사랑을 이루는 〈로마의 휴일〉의 클라이맥스에 묘한 카타르시스를 느낀다. 되는 일 없던 주인공의 고진감래는 '그래! 나도 저렇게 될 수 있어!' 라는 꿈을 대신해서 구현해준다. 할리우드의 영화산업이 오히려 미국 공황기에 비약적인 성장을 했다는 사실은 '되는 일 없는 세상' 에서 '되는 일' 에 관한 꿈을 파는 사업의 위력을 새삼 실감하게 해준다.

'되는 일 없기' 의 체감지수가 높은 나

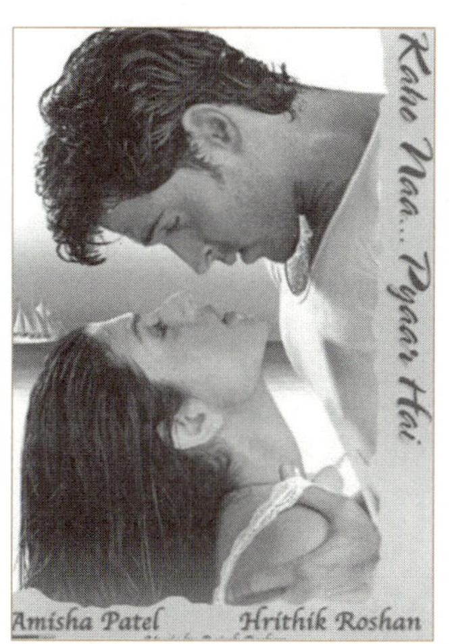

발리우드(Bollywood)를 키운 것은 불가촉천민들의 좌절과 절망이다.

라로 인도만 한 곳이 또 있을까. 하지만 그런 인도에서도 사회적 출구가 막힌 천민계급들이 영화관 앞에 날마다 줄을 선다. 카스트제도의 장벽 앞에서 아무것도 할 수 없는 천민들이 사회적 신분상승과 못 올라갈 사랑에의 꿈을 사기 위해 아낌없이 쌈지돈을 내놓는 것이다. 억압된 기존질서에 대한 일탈욕구를 대신 영화가 풀어주기 때문이다. 인도가 영화강국이 된 배경에는 바로 '되는 일 없는 사람들' 의 절망에 힘입은 바 크다. 세상의 좌절과 절망도 뒤집어서 팔면 돈이 된다.

거꾸로 보면 시장이 보인다

세계의 진실은 항상 엉뚱한 데 숨어 있다. 정면에서 보는 사실의 세계는 항상 그 이면에 진실을 감추고 있다. 그래서 사실의 뚜껑을 열면 반드시 진실이 보인다. 보이는 것만 보는 사람들은 주어진 사실의 힘 앞에 꼼짝없이 감금된 채 감추어진 세상의 진실을 보지 못한다. 우리가 보는 '섬' 의 이미지는 사방이 가로막힌 고립무원의 공간이다. 그러나 거꾸로 보면, 섬은 스스로를 향해서 자신을 가둘지라도 세계를 향해서 어디로든 나갈 수 있는 '열린 공간' 이다. 이렇듯 보기에 따라서 세상의 의미는 달라진다.

전철을 타고 가다가 어느 생수회사의 광고카피를 보고 느낀 것이다. 카피의 내용은 '암반에서 갓 태어난 물' 이라는 것인데, 나의 지구과학적 상상력은 도저히 물이 '갓 태어날' 수 없다는 것이었다. 수 백억 년 전 행성 간의 충돌에서 증발된 얼음덩어리가 물의 시원이었고, 공룡시대에는 이 물을 먹은 공룡의 배설물도 암반 속으로 스며들어 잘 정제된 깨끗한 물이 되었을 터이고 보면 그 물은 분명 '늙고 오래된 물' 일 수밖에 없다는 결론에서다.

뒤집어 보면 진실은 엉뚱한 곳에서 드러난다. 이는 문화예술시장에서도 마찬가지다. 내가 정동극장에 재직하던 시절, 우리 극장이 대형자본과 큰 극장들의 틈바구니에서 살아남기 위해 펼친 여러 가지 시장개발전략은 기실 이 '거꾸로 보기' 의 산물이다. 400석 규모의 작은 극장이 주먹구구식으로 상품을 만들다보면 경쟁력의 약화는 물론 불황에도 취약할 수밖에 없다. 그래서 나의 틈새시장 개척 전략은 극장의 여러 불리한 조건을 감안하여 펼친 생존전략이었다. 극장의 입장에서 상품을 만들고 판매하는 전략이 아니라 거꾸로 수요를 만들고 이를 자극해서 극장 안으로 끌어들이는 방법이었다.

전통장터의 모습을 현대적으로 재현해서 장보기와 친숙한 주부들을 공연과 연결시킨 〈국악장터〉의 개최, 지나간 것들의 그리움을 매개로 잠재적 문화수요계층인 40~50대로 하여금 자발적으로 극장을 찾게 한 〈돌담길 추억이 있는 음악회〉, 동창회나 친목회 등 소비지향적인 모임을 공연과 함께 꾸며주는 주문식 공연상품 등은 정면으로 바라본 세상에서는 만들어질 수 없는 상품들이었다.

거꾸로 본다는 것은 그만큼 더 많이 생각한다는 것이다. 결국 생각한다는 것은 존재하지 않는 것을 이 세상에 존재하게 만드는 작업이 아닐까? 거꾸로 보면 시장은 무궁무진하다. 존재하지 않는 것들의 도움 없이 우리의 미래는 아무것도 아니다.

멀리 보면 시장이 보인다 | 오늘날 소비시장의 주역은 단연 10대와 20대다. 신촌의 모 백화점에서는 신세대상품 코너의 매출이 전체 매출의 20%를 차지할 만큼 이들 세대의 구매력이 폭발적 상승세를 기록하고 있다. 한편, 문화시장에서 기성세대의 권위에 기를 못 펴고 신세대의 도전에 눈치보며 지내는 세대가 40~50대다. 40~50대에겐 사회적 스트레스를 풀어버릴 마땅한 위안거리조차 없다. 요즘 40~50대의 문화적 소외는 우선 TV프로그램이 주도하고 있다 해도 지나친 말이 아니다. 마치 전체 대중문화시장이 10~20대만을 고객으로 생각한다는 듯 40~50대를 철저히 외면한다.

물론 자본주의사회에서 대중문화는 상업자본의 영향 아래 있게 마련이고, 젊은세대는 그런 의미에서 적극적인 문화소비자임에 틀림없다. 요즘에는 수요가 있는 곳을 찾아가자면 자연스럽게 젊은 고객을 만날 수밖에 없다. 그러나 40~50대가 문화소비에 관심이 없는 세대라는 건 오산이다. 40~50대는 쫓기는 생활 속에서 문화소비를 체념해버린 듯 보이지만 사실은 젊은이들 못지않은 잠재적 문화소비욕구를 간직하고 있는 세대들이다.

이들의 잠재적 소비욕구가 수요로 폭발되지 못하는 이유는 간명하다. 40~50대를 위한 진정한 문화프로그램이 없기 때문이다. TV는 물론, 웬만한 공연장엘 가도 이들 세대의 취향을 이끌어줄 프로그램은 찾아보기 힘들다. 10대 중심의 대중문화, 그리고 대중성을 획득하지 못한 소위 '고급예술'은 있으되 그 다리 역할을 할 중간프로그램은 없다. 이래저래 갈 곳 없는 40~50대가 문화갈증을 푸는 방법은 결국 퇴근 후의 음주문화에 기대는 것뿐이다.

40~50대의 잠재적 문화소비욕구를 폭발시킬 수 있는 상품만 개발한다면 경제적 안정에 비례된 이들 세대의 구매력이 젊은세대를 능가할 여지는 충분하다. 문제는 문화상품 제작자들의 안목과 시장을 멀리 내다보는 전략이 아닐까? 멀리 봐야 시장이 보인다.

깨뜨린 것은 상식이었다 | 성경에 나오는 다윗과 골리앗의 이야기는 작은 것이 큰 것을 이길 수 있다는 비유로 곧잘 인용된다. 사실 몸집만 큰 골리앗은 그 위용과는 달리 구석구석 헛점을 많이 갖고 있었다. 지혜롭고 용기있는 다윗은 바로 그 점을 재빠르게 간파했기에 승리할 수 있었다.

과거 우리 주변에는 작은 것이 큰 것을 무너뜨린다는 류(類)의 신화가 무성했다. '작은 고추가 맵다'는 속담에 고개를 가로젓는 사람은 별로 없었다. 그러나 이즈음 혹자는 작은 것이 큰 것을 잡아먹을 수 있는 시대의 종언을 선언한다. 이제는 빠른 것이 느린 것을 잡아먹는 시대가 도래했다.

콜럼부스가 신대륙을 발견하자 이를 시기한 사람들은 "서쪽으로 가다가 그냥 우연하게 이루어진 일일 뿐"이라고 말했다. 그런 사람들을 모아놓고 콜럼부스는 달걀을 들어 보이며 누구라도 달걀을 똑바로 세워보라고 했다. 아무도 달걀을 세우지 못하자 그는 달걀의 끝면을 깨고 똑바로 세웠다. 비상한 방법을 기대했던 사람들이 "그 정도는 우리도 얼마든지 할 수 있는 일"이라고 항의하자 콜럼부스가 좌중을 향해 말했다.

"중요한 것은 남이 한 일을 따라서 하는 것이 아니라 아무것도 아닌 것 같지만 이를 먼저 생각하고 실천하는 것입니다."

수년 전에 '깨뜨린 것은 상식이었습니다'라는 카피로 시작하는 모 그룹의 신문광고가 있다. 콜롬부스의 예화를 적절하게 인용해 돋보였던 광고다. 시대변화의 흐름을 재빨리 감지한 이 그룹은 국내 굴지의 기업집단 중 하나다.

빠른 것과 느린 것의 차이가 처음에는 간발에 불과할지 몰라도 과거 100년의 진보를 단 1년 만에 이룩해내는 지금의 세상에서는 하늘과 땅의 차이로 판가름나는 일이 허다하다. 정보통신, 반도체 분야 등 최첨단 제품의 개발에서 먼저와 나중의 차이가 회사의 흥망을 좌우한다는 사실은 익히 알려져 있다.

그런데 여기서 중요한 것은 '남보다 빠르다'는 것에 굳이 획기적이고 굉장한 아이디어가 필요한 것만은 아니라는 점이다. 콜럼부스의 달걀처럼 예사로운 것이라도 '먼저' 생각해내고 '실천'하는 것이 무엇보다 중요하다. 그래서 '깨뜨린 것은 상식이었다'라고 기업도 주장하는 것이다.

문화산업도 작금의 경제불황에 어렵다고만 한다. 그러나 어려울수록 사람들은 문화로부터 위안을 찾는다. 그 사회심리의 일단을 먼저 발견하고 오히려 더욱 투자하여 좋은 상품을 만들어나간다면 문화시장의 전망이 결코 어둡지만은 않다. "경제가 불황이어서 어렵다"는 논리의 관성에 고착되면 불황의 골만 더욱 깊게 패게 마련이다. 이제 문화경영도 기존의 상식 속에 굳어진 고정관념을 깨는 일부터 시작해야 될 것이다. 아무것도 아닌 것 같지만 먼저 생각하고 먼저 깬 자만이 살아남는다.

미술품 구입이 투기라고?

최근 나는 미술품 유통과 관련해서 두 가지 특별한 경험을 했다. 먼저, 미술 애호가이자 수집가인 가까운 지인의 소장품을 전문가와 함께 감정하러 간 적이 있었다. 놀랐던 것은 "작품은 진품이 틀림없지만 구매가격이 터무니없이 비싸다"라는 감정결과였다. 미술관 설립이 꿈인 이 지인은 오랫동안 믿을 만한 문화계 인사들로부터 근현대 화가들의 작품을 구입해왔다. 그런데 가격 산정방식에 객관적인 잣대가 없어 무조건 중개자를 신뢰하고 거래할 수밖에 없었다고 했다. 두 번째 경험은, 잘 아는 벤처기업인이 믿을 만한(?) 사람으로부터 구입했다는 조선시대의 청화백자가 감정 후 중국산으로 밝혀졌던 일이다.

모두 우리나라 미술품 유통시장의 구조적 취약성을 상징적으로 보여준 사례들이 아닐 수 없다. 가까이서 지켜본 두 미술품 수집가들의 상심을 어찌 말로 다 옮겨놓을 수 있을까! 아무튼 두 지인의 미술품 소장 노력은 이 일을 기화로 고개를 숙일 것이 분명하다.

우리나라 미술품 시장의 침체가 가속화된 이면에는 이러한 전근대적 유통체제가 한몫했다고 해도 과언은 아니다. 그런데 이러한 경험들을 통해 내가 한층 심각하게 인식하게 된 것은, 수집가들에 대한 행정당국의 따가운 눈초리와 세간의 몰이해다. 세무당국과 세간에서는 고가미술품의 소장을 '투기'와 '사치'로 인식하는 분위기가 지배적이라는 것이다. 결국 이러한 분위기에서는 음성적 거래가 주로 이뤄질 수밖에 없다는 논리가 설득력을 얻는다.

이러한 분위기는 미술품시장에 새바람을 불어넣고 있는 경매시장이 차츰 활성화되고 있는 근래에 와서도 크게 달라진 바 없다. 많은 선의의 수집가들은 여전히 극소수에 불과한 투기자들과 도매금으로 취급받으며 경매시장의 문턱을 조심스럽게 넘는 처지다.

사실 미술품에 대한 투자와 부동산 내지 주식에 대한 투자를 동일한 시각으로 본다는 것 자체가 문제다. 부동산과 주식에 대한 투자의 동기가 단기적이고 오로지 차익만을 중시한다면, 미술품에 대한 투자는 장기적이면서도 미적 체험을 더 중시하는 패턴을 띤다. 실제로 미술품시장에 들어온 자금이 투기목적으로 환수되는 경우란 극히 드물다. 고가의 미술품이 대기업의 탈세와 비자금 은닉의 수단이 되었다고 해서 세간의 비판에 노출되는 경우도 없지 않지만, 간송 전형필 선생의 예에서 볼 수 있듯이 재력가가 평생 수집한 고가의 미술품이 미술관에 소장되어 사회적 자산으로 적립되는 경우가 더 많다.

이탈리아의 도시국가에서 시작된 르네상스, 즉 문예부흥도 바로 '패트런'이라 불리는 돈 많은 귀족 수집가들의 문화적 취향이 만들어낸 산물이다. 결국 메디치 가문의 미술품 수집과 애호 열기 덕분에 오늘날에도 피렌체의 어린이들은 온 거리에서 예술작품과 맞닥뜨리는 미적 체험을 하고 문화시민으로서 자긍심과 세련된 안목을 키우며 자란다. 보티첼리, 지오토, 레오나르도 다 빈치와 같은 예술가들의 탄생도 미술시장의 존립을 주도하는 귀족 수집가들과 이에 손뼉을 치고 환호하는 안목 높은 시민들이 있었기에 가능한 일이었다. 패션, 건축, 사진, 산업디자인 등 오늘날 이탈리아가 문화산업 분야에서 창출해내는 천문학적 부가가치의 밑바탕을 이룬 것은 바로 이 같은 미술품 수집가들의 열정에 힘입은 바가 크다.

세계의 문화선진국들과는 달리 우리나라 미술품시장은 일천한 역사를 갖고 있다. 특히 우리 미술시장은 여전히 소장가의 부족, 상업화랑 중심의 유통체계, 호당가격제 등 불합리한 가격산정방식, 공신력 있는 감정기구의 부재 등에서 파생되는 문제점들로 인해 지속적으로 침체되고 왜곡되어왔다. 잊을 만하면 불거지는 위작논란도 바로 그러한 구조적인 문제점들에 뿌리를 대고 있다. 다행히 이 같은 구조적 문제를 개선할 수 있는 대안적 제도로 요즘에는 미술품 공개경매시장이 등장해 수집가들의 새로운 관심대상이 되고 있다. 그러나 경매제도 역시 시장활성화의 전제가 되어야 할 행정적 차원의 신원보장 시스템의 부재와 미술품 수집을 투기로 바라보는 사회적 분위기 등으로 험로가 예상된다.

얼마전 위작논란에 휩싸였던 박수근 화백의 〈빨래터〉 낙찰결과 발표현장.

법으로 보장된 신원보장제도가 없는 한 미술품 유통활력의 동인이 될 건강한 경매시장의 흡인력은 줄어들 수밖에 없다. 불가피한 측면들도 물론 있겠지만, 경매회사에 이따금 걸려오는 세무당국의 '자금출처조사를 위한 신원확인요구'는 인큐베이터 속에서 겨우 배양되고 있는 우리의 미술시장을 위축시킬 수밖에 없다. 왜곡되고 침체된 국내 미술품시장의 활성화를 위해서는 제도당국도 어느 정도 대승적인 안목으로 융통성과 제도운용의 묘를 발휘해야 할 시점이 아닌가 싶다.

미술품 소장가들을 향해 손뼉을 치는 사회분위기, 그리고 시중의 자금을 미술시장으로 끌어들일 수 있는 행정적 지원시스템이 절실히 요구되고 있다. 건강한 미술시장의 육성이야말로 문화국가로서의 발돋움에 필수적인 전제조건이다.

순수예술과 산업경쟁력 | "문화에 대한 투자가 곧 경제에 대한 투자이며 미래에 대한 투자다"라고 말한 프랑스의 미테랑 전 대통령은 대통령 중에서도 역사를 꽤 열심히 공부한 사람이 아닌가 싶다. 세계 각국의 대통령과 권력수반들이 경제논리의 잣대로만 국정을 예단하고 있을 때 유일무이하게 문화논리로 국가정책의 로드맵을 제시했기 때문이다. 참으로 격조높고 이론의 여지가 없는 안목이다.

미테랑의 안목은 르네상스 시대의 이탈리아와 절대왕정 시대의 프랑스 등으로 거슬러 그 연원을 찾을 수 있다. 르네상스 시대와 이후의 절대왕권 치하에서 이탈리아와 프랑스의 권력자들이 회화, 건축, 음악, 연극 등 순수예술분야에 쏟아부은 재화는 실로 엄청났다. 부유한 시민들까지 적극적인 예술후원자가 되었던 이 시대의 사람들은 인류의 정신적 삶을 풍요롭게 하는 예술가들을 위해 아낌없이 돈을 썼고, 그 결과 당대의 미적 안목을 높였다. 실제로 메디치 가문으로 유명한 르네상스의 발흥지 피렌체에서는 예술의 도시답게 모든 시민들이 비평가적 안목을 갖추는 바람에 도시에서 쫓겨난 화가들도 있었다.

물론 당시 프랑스나 이탈리아의 도시들은 세련된 문화감각과 수준 높은 아름다움을 꽃피운 반면 쏟아부은 재화만큼 가시적 투자효과를 얻어낼 수는 없었다. 실용주의의 입장에서 볼 때는 별수없이 낭비와 사치처럼 보였을 것이다. 하지만 오늘날 그들은 순수예술 분야에서 쌓아온 경험적 유산을 산업부문에 응용하기 시작했다. 패션, 디자인, 사진, 영화, 건축, 음악에 이르기까지 오늘날 두 나라가 차지한 분화경제적 위상과 영향력은 이루 말로 다할 수 없을 만큼 막강하다. 이탈리아와 프랑스가 이러한 문화산업을 통해 세계 문화시장에서 환전해내는 재화의 규모는 가히 천문학적이다.

음악을 애호하는 귀족들이 쏟아부은 막대한 재화가 국민음악적 정서와 결합하여 배태시킨 '오페라'라는 장르는 오늘날까지 베르디, 푸치니 등 대작곡가들과 파바로티, 도밍고 등 내로라하는 가수들은 세계 여기저기에서 황금값에 팔리고 있다. 루이 14세의 연극사랑 덕분에 대문호 몰리에르를 탄생시킨 프랑스가 한때 그로부터 파생된 영화산업으로 떼돈을 벌었던 것은 주지의 사실이다.

순수예술에 대한 무한한 투자가 곧 국가의 산업경쟁력으로 이어진다는 것은 역사가 증명하고 있는 바다. 이러한 연쇄고리를 읽어내는 남의 나라 대통령을 보면서 우리나라 대통령도 앞으로 공부를 더 많이 해야겠구나 생각해본다. 그런 대통령이 나와야 경제도 살아난다.

지역예술축제와 문화특산품 | 〈아비뇽 세계연극제〉가 개최되는 아비뇽 시는 프랑스 남부의 작은 도시다. 이 도시는 매년 7월만 되면 거대한 연극무대로 탈바꿈한다. 이 연극축제를 보기 위해 전 세계에서 몰려드는 관객은 무려 60여만 명. 그들은 더위가 물러난 지중해의 밤공기를 가르고 야외무대를 가득 채우곤 한다. 총총한 별과 하늘을 지붕삼아 나누는 지구촌 사람들의 연극이야기가 만발하는 순간 아비뇽은 이미 프랑스의 일개 지방도시가 아니다.

이비뇽이 이 세계적 예술축제로 얻어내는 소득은 관객들이 뿌리고 간 돈뿐만이 아니다. 앞서 말했던 대문호 몰리에르를 탄생시킨 연극 종주국으로서의 자부심과 긍지까지 경제적 소득으로 환산할 수 있다면 감히 수치로 계량할 수 없을 정도일 것이다. 해마다 여름철이면 시작되는 영국의 에든버러 축제나 이탈리아 베로나 시의 야외오페라 축제도 아비뇽 연극제와 유사한 경우다. 오페라 〈아이다〉의 거대한 무대 위에 호화출연진과 개선마차가 실물로 등장하는 이 웅장한 스펙터클은 전 세계 음악팬들의 가슴을 사로잡는다. 오페라의 본고장에서 펼쳐지는 이 공연을 위해 각국의 여행사들은 '오페라 투어'라는 이름의 여행상품까지 만들어 판다.

이들은 자신들만의 자랑거리인 '본고장 문화'를 특산품화해서 팔아 성공한 케이스다. 우리나라도 언젠가부터 지방자치단체들이 서로 경쟁하듯 문화축제를 개최하고자 하는 열풍이 불고 있다. 예향 광주시는 미래 국제예술도시로의 변신을 목표로 세계적인 미술잔치인 〈광주비엔날레〉를 개최하고 있다. 르네상스를 꽃피운 대 화가들을 탄생시킨 이탈리아에서 열리는 〈베니스 비엔날레〉처럼 관광수입과 '미술한국'의 국제적 명성을 획득하고 싶어서다. 부천시는 모스코바 영화제나 〈칸느 영화제〉 등을 본딴 〈부천국제 판타스틱영화제〉를 운영하고 있다.

그런데 이러한 지방도시 문화축제들의 문제는 한결같이 우리나라의 문화특산품과는 무관한 예술장르를 주제로 한다는 점이다. 물론 미술축제나 영화제도 문화의 다양성 추구라는 측면에서 매우 중요한 행사임에 틀림없다. 그러나 서구의 유명한 예술축제가 그들만의 독특한 문화적 자부심 안에서 배양되고 발전돼왔다는 점에서 보면 우리의 것들이 그동안 너무 몰개성하지 않았나 반성해볼 일이다.

세계화(globalizaion)를 지향하는 지방화(localization)의 시대다. 우리의 지자체들도 전주대사습놀이 같은 한국적 아이덴티티가 가득 담긴 전통축제를 특산품화하여 '국적 있는 예술잔치'로 발전시켜보려는 노력이 필요하다. 지방축제도 더 큰 상상력을 필요로 한다.

 | 우리나라 최초로 탄생한 근대적 의미의 극장은 정동극장의 전신이라고 할 수 있는 원각사(1908)다. 그런데 전통예술과 신극의 공연장으로 쓰이던 이 극장은 불과 2년도 못 넘기고 문을 닫았다. 이후 1950년대 명동국립극장의 시대가 열렸지만 이는 공연장으로서 완벽한 기능을 하기에는 모자라는 점이 많았다.

1970년대~1980년대에 걸쳐 세워진 남산국립극장과 세종문화회관, 예술의전당은 경제성장과 더불어 문화중흥의 필요성을 절실히 느낀 시대적 요구의 산물이다. 공연예술의 메카로 불리는 이 현대적 의미의 극장들을 운영하기 위해 관계자들은 선진화된 서구의 극장들에 경영 노하우를 배우러 갔다. '연수시찰'이라는 명목으로 배워온 이러한 지식들이 여러 시행착오를 거치면서 이 땅에 자리잡기까지는 파행도 많았다. 사실 이는 '자리잡았다'라기보다 '명맥을 유지해왔다'는 쪽이 더 적당한 표현일 것이다.

유럽의 극장문화는 귀족주의 전통의 산물이다. 오늘날의 고전음악과 발레도 절대왕정시대 유럽귀족들이 만들어낸 문화라고 할 수 있을 만큼 소수 특권계급만이 향유하는 살롱문화에서 발전해왔다. 따라서 서구 극장전통도 이러한 살롱문화적 특성에 걸맞게 귀족화를 고수할 수밖에 없었을 것이다. 재미있는 것은, 최근에 와서 세계유수의 이러한 극장들에 관객이 날로 줄고 있다는 점이다. 문턱이 높으니 관객이 줄어드는 것은 사실 당연한 현상이다.

우리의 공연장들도 그동안 유럽의 극장들 못지않게 극장의 '품격 높이기' 에 꽤나 열정을 쏟아왔다. 관객에게 정장을 요구하거나 8세 이하 어린이 입장금지, '쥐구멍 매표소' 운영 등이 그 예다. 시대는 변하고 있는데 문화사회적 배경이 다른 남의 나라의 극장운영 전통을 그대로 답습만 하니 관객이 들 리 만무하다. 역설적일지 모르지만, 최근 들어 우리의 대형공연장들이 비로소 관객과 함께 살아숨쉬는 친근한 문화명소로 대중의 사랑을 받기 시작한 것은 오히려 '이런 것들을 절대 배워서는 안 된다' 는 반면교사 덕분이 아니었을까?

타사의 실패 경험이나 우수한 경영아이디어 등을 도입하여 자사의 경영혁신자료로 활용하는 것이 요즈음 기업계에서 유행하는 '벤치마킹 기법' 이다. 우수경영사례의 도입뿐 아니라 창조적 반면교사를 통해 끊임없이 벤치마킹을 해나가야 살아남을 수 있는 무한경쟁의 시대다. 우리의 문화공간도 예외는 아니다.

이제는 문화벤처 뜰 때 | SM엔터테인먼트의 이수만 대표는 문화산업의 미래를 확신하는 자신만만한 사업가다. 그는 10대 초반의 '보아' 를 비롯하여 'H.O.T' 'S.E.S' '신화' '동방신기' '샤이니' '슈퍼주니어' '소녀시대' 등 쟁쟁한 신예들을 발굴, 국내 최고의 아이돌스타군단으로 키워냈다. 뿐만 아니라 중국 등

해외시장을 적극적으로 공략, 이제는 우리의 대중음악도 조직적 유통 기반만 마련되면 얼마든지 여느 수출산업 못지않게 외화를 벌어들이는 효자산업이 될 수 있다는 가능성을 제시했다.

주식회사 환포퍼먼스의 송승환 대표는 국내 순수연극계의 열악한 여건 속에서도 세계시장에 내놓을 만한 레퍼토리 <난타>를 수 년간의 각고 끝에 완성했다. <난타>는 사물놀이라는 한국의 전통장단에 재즈, 록뮤직 등을 접목한 퓨전 퍼포먼스로, 국내관객은 물론이거니와 일본, 영국의 관객들까지 열광시킨 한국공연계의 대표적인 히트상품이 됐다. 그리고 이제는 전용관까지 갖춘 대형 문화상품으로 성장했다. 나의 단견으로 볼 때도 향후 이 작품은 런던 트레인 극장에서 15년간 공연한 뮤지컬 <미스 사이공> 이상의 폭발력을 갖고 엄청난 부가가치를 창출해낼 것으로 예상된다.

우리나라보다 세계 화단에서 더 잘 알려진 미술가 문신의 조각작품들이 현재 숙명여대 문신미술연구소에서 그의 부인 최성숙 소장의 관리 하에 목걸이, 반지, 브로치 등 아트상품으로 가공되어 판매되고 있다. 독특한 추상의 기하학적 아름다움을 만들어내는 조각작품의 보석상품들은 그닥 내세울 만한 자랑거리가 없는 우리나라를 찾는 외국관광객들과 인터넷 쇼핑몰 등을 통해 전 세계로 팔려나갈 전망이다.

정보화사회의 물결이 지난 '제5의 사회'는 과연 어떤 모습일 것인가 하는 논의가 담긴 『드림 소사이어티』가 2005년 국내에도 번역출간

되었다. 전 덴마크 코펜하겐 미래학연구소장 롤프 옌센은 저서에 붙인 제목 그대로 "곧 꿈과 감성을 파는 사회가 도래할 것"이라고 예고하고 있다. 이제 소비자를 즐겁게 해주는 것은 정보나 품질이 아니라 꿈과 감성이라는 것이다. 그러나 이 말은 미래사회를 위한 담론이라기보다 지금 오늘의 현실에 이미 적합한 화두다. '슈퍼주니어'나 '소녀시대'〈난타〉, '문신아트' 등의 문화상품들이 파는 가치야말로 다름 아닌 꿈과 감성이다.

물론 이러한 문화상품들의 산업화 전략에는 험로가 예상된다. 지금의 정보화사회를 떠받지는 '정보'와 '문화'라는 두 축이 불균형한 비대칭을 이루고 있기 때문이다. 한때 거품붕괴의 혼란을 겪었음에도 이제 정보통신과 인터넷 관련 사업은 어느 정도 안정된 궤도 안에서 산술적이나마 지속적인 발전을 구가하고 있다. 그에 비해 꿈과 감성의 가치를 파는 문화벤처는 여전히 시장의 중심으로 떠오르고 있지 못하다.

벤처기업 창업붐이 온나라를 뜨겁게 달군 적이 있다. 이들 벤처기업들이 상장되어 있는 코스닥의 열기도 식을 기미가 없어 보였다. 여기에는 손 마사요시(孫正義) 신화라든지, 주식시장에서 거금을 쥔 인터넷 사업가들과 주식투자자들의 신화에 지나치게 경도되어 한 쪽으로만 파도치는 군중심리도 한몫했다. 이윽고 찾아온 닷컴버블의 붕괴는 재앙이었지만, 덕분에 시장은 '무늬만 벤처'들을 걸러내고 어느 정도 지속가능한 벤처들만 살려낼 수 있게 되었다.

지금 이 순간에도 정보사회의 인프라로 불리는 정보통신과 인터넷에 기반을 둔 벤처기업은 끊임없이 생성·소멸하고 있다. 반면, 꿈과 감성을 담아 팔 문화콘텐츠 산업의 태동과 발전속도는 여전히 더디고 산만하다. 오락산업의 꽃이라고 하는 게임산업, 애니메이션·비디오·음반·캐릭터 산업 등의 집중육성을 약속한 1999년 문화산업진흥기본법의 제정·발효 이후에도 코스피는 고사하고 코스닥까지 올라온 이 분야의 벤처기업들도 그리 많지 않다.

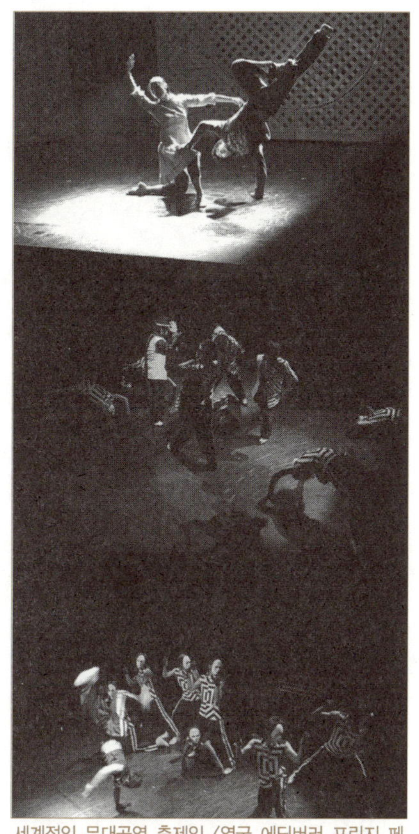

세계적인 무대공연 축제인 〈영국 에딘버러 프린지 페스티벌〉에 출품하여 평균 120%의 관객몰이를 하며 돌풍을 일으켰던 한국의 댄스 퍼포먼스 〈비보이를 사랑한 발레리나〉.

정보화로 대변되는 지금의 우리사회는 문화의 힘이 정보의 힘과 균형을 이룰 때라야 비로소 완성을 보게 되고 이윽고 다가올 문화의 혁명시대를 준비할 수 있게 된다. 이제 정보통신과 인터넷 분야 못지않게 내용의 다양성을 담아낼 문화벤처의 기둥을 정부가 앞장서서 일으켜 세워야 할 때다. SM엔터테인먼트의 이수만 대표와 JYP엔터테인먼트의 박진영 대표 등이 호소하는, 세계시장 진출을 위한 유통망 구축도 정부가 귀기울여야 할 과제다.

<난타>, '문신아트' 의 수출 또한 해외 문화상품 유통시스템을 구성해 적극적으로 다리를 놓아준다면 더 큰 시너지를 만들어낼 수 있을 것이다. 정보통신·인터넷 기반 산업의 열풍이 서서히 걷히고 나면 꿈과 감성을 잘 파는 기업이 궁극적으로 성공할 것이라는 미래학자들의 예견처럼, 문화산업으로 미래를 개척하는 전략이 필요한 시점이다. 이제는 정보화로 피로해진 세상에 온기를 불어넣어줄 문화벤처사업이 뜰 차례이기 때문이다.

메세나와 패트런의 진정한 의미

동양생명보험의 구자홍 전 사장(현 동양그룹 부회장)은 그 바쁜 일정 중에도 아내와 자녀들과 함께 연말의 <난타> 공연장을 찾을 만큼 연극·국악·클래식음악 애호가다. 구 사장은 적자에 허덕이던 이 보험회사를 불과 1년 만에 흑자로 돌려놓은, 보험업계에서는 알아주는 전문경영인이다. 그는 "나는 장사꾼이기 때문에 절대 손해보는 투자는 안 한다."라는 말을 입버릇처럼 달고 다니는 사람이다. 그런 구 사장이 동양생명 재직시절 회사의 브랜드마크인 '수호천사' 와 함께하는 우리문화여행이라는 학교방문 국악프로그램을 만들어 연간 5억 원이라는 예산을 선뜻 내놓았었다. 철저한 장사꾼이라고 자처하는 것과는 무언가 안 맞는 구석이 있어 의 아해 하던 필자에게 그가 내놓은 답변은 기발하기까지 하다.

"문화프로그램과 미래고객 마케팅 전략을 접목시킨 겁니다."

가장 감수성이 예민한 청소년 시기에 접한 예술작품의 감동은 평생 따라다니게 마련이라는 것이다. 젊은 시절에 보았던 사물놀이의 감동을 아직도 잊지 못하는 그가 '수호천사공연단'을 만들어 전국의 고등학교를 찾아가게 하는 것은, 몇 년 후면 미래의 고객이 될 청소년들에게 전통공연의 신명과 감동을 가르쳐줌과 아울러 회사의 브랜드인 '수호천사'의 이미지를 무언중 각인시켜주겠다는 뜻이었다.

구 사장의 말에 의하면, 청소년들에게 전통문화에 대한 자긍심을 일깨워줌으로써 무분별한 외래문화에 대한 민족문화 정체성도 심어주고, '보험회사' 하면 어떤 회사가 있는지조차도 모르는 미래의 고객들에게 잊지 못할 추억을 만들어줌으로써 확실한 브랜드 신뢰를 심어주게 된다는 것이다.

시·군·면 단위까지 구석구석 찾아다니는 '모세혈관 문화운동'을 통하여 기업의 홍보는 물론 공익적 가치추구까지 성취할 수 있는 프로그램이라는 얘기인데, 듣고보니 기업도 좋고 자라나는 청소년에게도 좋고 문화예술계까지 3자가 다 좋은 일이 아닐 수 없었다. 그의 예상대로 이 사업을 시작한 지 불과 몇 개월 만에 회사의 브랜드 이미지가 제고돼 고객수신고가 올라갔음은 물론이다. 홈페이지에는 수호천사예술단 공연에 고마워하는 전국 청소년팬들의 감사포스팅 공세가 연일 이어졌다.

기업의 문화지원을 일컫는 '메세나운동'의 기원은 고대 로마 옥타비아누스 황제 시대에 살았던 마에케나스라는 대부호의 문예사랑으로 거슬러 올라간다. '메세나'란 라틴어 '마에케나스'의 영어표기다. 마에케나스는 당대의 대시인인 호라티우스와 베르길리우스를 황제에게 추천하고 이들을 후원해 불멸의 이름을 남기게 한 인물이다.

마에케나스의 문화예술에 대한 사랑과 후원의 정신은 중세를 건너뛰어 르네상스시대에 절정에 달한다. 교황이나 영주귀족들은 제각기 세련된 문화애호가를 자처하며 문학·미술·음악에 이르기까지 아낌없는 지원과 후원을 쏟았는데, 이렇게 축적된 자산들이 모여 오늘날 서구 문화선진국들의 엄청난 문화산업 인프라가 되었음은 주지의 사실이다. 그러던 것이 귀족사회의 몰락과 근대국가의 태동과 더불어 문화예술 후원자, 즉 '패트런'의 역할은 국가와 기업의 차지가 됐다.

이제 문화예술인들은 "기업이야말로 이윤의 사회환원 차원에서 문화에 대한 지원을 무조건 아끼지 말아야 한다"고 주장한다. 그런 주장에 공감해 국내의 기업인들 스스로 만든 것이 메세나협의회이고, 그동안 우리의 기업들은 임직원들의 피와 땀으로 번 돈을 문화후원에 역할은 써왔다. 그런데 문제는 요즘과 같이 경제가 냉각되어 기업들이 어려운 사정에 처해 있을 때다.

반도체가격 몇 달러 하락의 여파가 이름없는 동네식당에도 미친다

는 경제원리조차 인지할 줄 모르는 일부 문화예술인들은 기업의 사정
은 아랑곳않고 "기업이 사회적 공기로서 사명을 다하지 않고 문화예술
지원을 안 해준다"며 아우성이다. 하지만 이는 하나만 알고 둘은 모르
는 태도다. 호라티우스도, 베르길리우스도, 르네상스시대의 수많은 미
술가와 음악가들도 자신들을 지원해준 패트런을 위해 작품으로 보답
하거나 헌정의 방식으로 명예를 높여주는 등 어떤 식으로든 반드시 보
답을 했었다.

바흐의 〈골드베르크 협주곡〉이
어느 잠 못 이루는 귀족의 후원에
의해 '잠 잘오는 음악'으로 작곡됐
다는 사실은 예술가와 패트런의 관
계를 뛰어넘어 오늘날 메세나운동
의 진정한 위상 정립에 많은 시사점
을 던져준다. 문화에 대해 안목이 있
는 한 기업인의 기발한 착상이 미래
고객 마케팅 전략이 되어 문화예술
계에 활력을 불어넣었듯, 이제 우리

2007년 7월 런던 크리스티 경매에서 3,727만
7,500달러에 팔린 라파엘로(1483-1520, Raffaello
Sanzio)의 대표작 〈로렌조 메디치의 초상〉.

문화계도 일방적 의존보다는 어려워진 기업과 함께 상생을 모색할 수
있는 전략과 아이디어를 스스로 짜내야 한다. 기업이 잘 돼야 문화도
산다.

문화타운이 대안이다

1970년대 초만 해도 TV나 라디오 같은 가전제품을 사려면 종로나 명동 같은 도심지로 나오지 않으면 안 되었다. 전자상점의 대부분이 도심에 몰려 있었기에 다운타운은 이래저래 소비생활의 중심지였다. 그러다 경제가 발달하고 가구당 구매력이 증대됨에 따라 전자상품의 수요도 늘어나기 시작했는데, 그 여파로 변두리 곳곳까지 전자상점들이 들어서기에 이르렀다. 소비생활의 중심이 다운타운에서 지역권역별로 옮아간 것은 물론이다. 같은 값이면 멀리 갈 필요 없이 가까운 곳에서 물건을 사고 싶은 것이 소비자의 심리니이까.

급격하게 진행된 이러한 변화를 예측 못한 다운타운의 전자상점들은 일부 폐업하거나 전업의 길을 모색하게 된다. 그러나 시대변화를 재빨리 읽어낸 전자제품 유통업자들은 폐업보다는 오히려 확장의 전략을 선택했다. 대형화, 전자타운의 건립을 추진한 것이다. 생활권과 밀착된 권역별 상권의 약점인 '소비선택의 다양한 기회 제공 부족'을 매머드 상점과 밀집상가의 형성을 통해 극복하려 한 것이다. 용산이나 강변의 전자타운은 이의 산물이다. 이에 소비자들은 생활 속의 지역소비라는 편익과 다양한 선택의 폭이 있는 원정소비의 시장분할에 만족해했다. 더불어 유통업자도 살고 경제도 윤택해졌다.

문화소비의 유통역을 담당하고 있는 공연장이나 미술관 같은 문화공간들의 경우도 전자상점 변천사를 닮았다. 1990년대 이전까지만 해도 공연관람과 미술관람의 장소는 늘 도심지에 있었다. 다운타운의 유명 문화공간이 전적으로 문화소비의 중심역할을 담당했다. 따라서 시민들은 생활권역과 중심권역 사이를 오가는 공간이동에 대한 선택을 통해 문화공간과 만났다. 그런데 교통체증의 불편함 등을 동반하는 이러한 현상이 언젠가부터 뒤바뀌기 시작했다. 지방자치가 활성화되고부터 각 구 단위 문화공간의 건립이 촉진됐고, 백화점과 같은 물류유통공간도 문화공간 설치가 의무이기라도 한 듯 경쟁적으로 문화행사를 주최하고 문화센터를 유치하고 있다.

요즈음 우리 주부들은 집안일이 끝나면 근처의 구민회관에 가서 영화나 음악회 등 문화행사를 즐긴다. 쇼핑을 위해 백화점에 갔다가도 현대미술가의 작품과 맞닥뜨리기 일쑤다. 아이들도 가까운 지역문화공간에서 어린이뮤지컬을 보며 흥겨워하는데, 옛날 같으면 도심지 유명공연장이 아니면 볼 수 없는 작품도 꽤 된다. 문화소비의 중심이 도심지에서 지역권역으로 분산되기 시작한 것이다. 생활과 문화의 자연스런 결합은 문화소비 패턴의 가장 바람직한 경향이다. 쇼핑, 문화, 교통의 편리를 한데 묶어 복합문화공

대전의 한 백화점 문화센터 아트홀에서 가족단위 관람객들이 크리스마스 뮤지컬을 관람하고 있다.

간을 건립하고 있는 문화선진국들의 움직임도 문화가 생활과 불가분한 관계임을 강변하는 사례다.

그런데 문제는 다운타운에 위치해 있는 문화공간들이 오늘의 문화 소비시장 변화를 체감하는 속도가 매우 더디다는 사실이다. 지금처럼 방관만 하고 무대책으로 일관하다가는 휴폐업을 해야 할 판인데도 "순수문화예술 자체는 어차피 경제와 무관한 것"이라는 논리 뒤에 숨은 채 안주하고 있는 것이다.

그런 의미에서 도심지 전자상점들이 상권의 분산에 대응하여 펼친 대형화와 밀집타운 추진전략은 도심 문화공간의 예와 달리 득장화(特長化) 전략을 추진해나간 좋은 사례가 된다. 문화공간 또한 조속히 레퍼토리 시스템을 통해 경쟁력 높은 상품을 보유하고, 도심공간이 아니면 불가능한 대형 프로그램을 제작·보급해나가야 할 것이다. 거기에 도심권역별로 몰려 있는 문화공간들끼리 제휴하여 문화타운을 형성하는 일도 시급하다.

강변이나 용산의 전자타운에서 다양한 선택의 기회를 제공하여 소비자의 만족을 극대화하고 있듯 '도심 어디에 가면 입맛대로 다채로운 프로그램을 고를 수 있다' 라는 개념의 문화타운 조성은 문화공간끼리의 네트워킹 전략을 통해 추진이 가능할 것이다. 전략이 없으면 문화도 죽는다.

2장 이야기가 문화가 된다

문화예술 생산·운영자들도 변덕스러운(하느님은 원래 변덕스러우니까) 신문방송만 우러러 쳐다볼 것이 아니라 관객(물)을 충분히 확보해놓고 공연(농사)하는 방법을 강구해야 할 때다. 과거의 천수답을 모두 수리안전답으로 바꾸어낸 농업당국과 농민들의 지혜로부터 우리 문화예술계가 한 수 배워볼 일이다. 작금의 문화예술계가 계속되는 '소비자 가뭄'으로부터 살아남는 방법이 바로 여기에 있다.

아이디어뱅크 홍사종의 스토리 마케팅

이야기가 세상을 바꾼다

문화시음회? | 청량음료업체들이 신상품을 출시할 때마다 빼놓지 않는 행사 중의 하나가 시음회일 것이다. 거리에서 음료를 무료로 나눠주지만 기실 이 행사의 궁극적 목적은 사람들의 입맛을 길들인 다음 돈 내고 사먹게 하는 것이다. 시음회 덕분에 나도 모 음료의 단골고객이 되었을 정도니 이 행사의 위력은 상당하다고 할 수 있겠다.

1998년 정동극장의 극장장으로 있을 때 나는 이 마케팅전략을 원용했다. 가치있고 심오한 예술을 가능한 한 많은 사람들이 즐기게 할 책임이 극장에 있다면, 관객도 '창출' 해내야 한다는 것이 나의 생각이었다. 그리하여 '문화시음회' 전략의 일환으로 탄생된 〈정오의 예술무대〉가 정동극장의 대표적 브랜드 프로그램으로 자리잡게 된 것이다.

〈정오의 예술무대〉는 직장인들이 점심식사 후 차 한 잔 마시는 자투

이제 극장은 관객을 기다릴 것이 아니라 거리로 나와 관객을 창출할 수 있어야 한다. 정동극장의 〈정오의 예술무대〉.

리시간과 공연을 결합시킨 무대다. 차값만 내고 차와 30분간의 공연을 함께 즐길 수 있는 프로그램이다. 여기서 중요한 것은 공연장 한 번 찾지 않던 관객도 이 프로그램을 통해서 국악이나 연극 등 순수공연과 만난 뒤 저녁공연 시간대에 정식 공연관객으로 흡인된다는 사실이다.

초기에 이 프로그램이 직장인들에게 폭발적 인기를 얻자 일부에서 "순수예술을 너무 이벤트화했다"는 비난이 빗발쳤다. 심지어 "서구 극장의 품위를 보라. 점심시간에 공연하는 것도 문제지만, 차 마시고 공연 보는 것은 엄숙해야 할 극장의 품격을 떨어뜨리는 짓이다"라는 식의 매도도 있었다.

그러나 그것은 극장의 사회적 역할과 책임을 모르는 사람들의 잘못된 잣대이자 시대변화의 흐름을 읽지 못한 이들의 착각이라고 생각한다. 귀족들의 살롱문화에서 발전된 오늘날의 유수한 서구 극장들이 관객공황으로 몸살을 앓고 있는 현실은 시민사회에 이르러서까지 귀족주의적 품격과 전통만을 너무 중시한 결과라 해도 지나친 말은 아닐 것이다.

현대사회에서 극장은 시간적 선택과 공간적 이동에 대한 특별한 선택을 하지 않고서는 찾아갈 수 없는 곳이 돼버렸다. 그러나 현대인들은 '돈은 내도 시간은 낼 수 없다'고 할 만큼 너무 바쁘다. 심각한 교통체증으로 시내의 극장에 찾아가기도 힘들다. 이래저래 극장의 순수예술은 시민들과 거리가 생겼다. 하지만 TV는 어떤가. 우리는 밥을 먹으면서도 TV를 보고, 친구가 찾아와도 TV를 보며 애기를 나눈다. TV가 이처럼 우리의 생활 한가운데 존재하는 한 그 영향력은 막강하고 무차별적이다.

〈정오무대〉가 인기를 끌었던 것도 바로 극장이 TV처럼 시민들의 생활 속으로 자연스럽게 파고들었기 때문이다. 어차피 점심식사 후 차 한 잔 마시며 흘려보낼 시간에 예술적 감동을 맛보게 함으로써 정동극장은 저녁공연 시간대에 더 많은 관객을 유치할 수 있었다. IMF 치하였음에도 불구하고 전년 대비 10%나 많은 유료입장료 판매수입을 올리게 된 것이 바로 증거가 아닐까? 〈정오무대〉는 〈이동(移動)정오무대〉라는 이름으로 명칭을 바꾸고 각 직장을 찾아다니며 직장인들과 만나는 등 한동안 그 파격을 이어갔다.

삶이 각박하고 메마를수록 극장의 문턱이 낮아져야 한다는 것이 나의 생각이다. 문화의 향기가 넘치는, 건강하고 아름다운 사회를 위해 이제 극장도 관객을 찾아나서야 한다.

낮잠도 문화상품이 되는 세상

하루종일 격무와 스트레스에 시달리는 오늘날의 직장인들은 휴식문화의 빈곤 속에 산다. 기껏해야 의자에 기대어 잠시 가수면을 즐기거나 낮시간을 이용해 사우나에서 잠깐 몸을 푸는 정도가 일반적인 직장인들의 휴식문화의 전부다. 더구나 요즘은 계속되는 경제난으로 가속되는 구조조정 탓에 업무가 늘어나 그 정도의 휴식기회도 마련하기 어려운 것이 사실이다.

그런데 알고 보면 가수면과 사우나도 남성 직장인들에게만 주어진 특권이다. 전날 회식의 숙취를 핑계대며 아침부터 의자에서 내리 조는 남자직원을 보는 상사의 시각은 의외로 너그럽다.

"김 과장, 사우나에나 잠깐 갔다 오지?"

한 술 더 뜨는 상사는 자신의 '일과 중 휴식비법'마저 은근히 전수해주는 친절까지 베푼다. 거기 비하면 여직원들의 사정은 한참 다르다. 늦은 회식자리와 아이들 등교 준비, 남편 출근 뒷바라지까지 겹쳐 파김치가 된 경우라도 사우나는커녕 일단 회사에 오면 의자에 앉아 잠깐 조는 것조차 힘들다. 여직원을 '직장의 꽃'으로만 생각하려는 남자들의 고정관념 어린 시선 앞에서는 아무래도 조심스러울 수밖에 없다. 여성 직장인들은 늘 그럴싸한 휴식문화의 도래를 오매불망 꿈꾸지만 여의치 않다.

이런 직장여성들을 위해 필자가 극장장으로 있던 1995년에 정동극장이 만들어낸 문화상품이 오수도 즐기고 책도 보며 음악도 감상하는 〈정오의 음악감상회〉다. 음악감상회로 멋지게 포장했지만 사실은 점심시간에 낮잠을 미끼로 피곤에 지친 직장여성들을 극장으로 끌어들이

자는 전략이었다. 정오부터 두 시간 동안 입장료 1,000원만 내면 차도 마시고 로비에서 책도 보게 해준다. 객석은 서로가 서로의 얼굴을 못 알아볼 정도의 조명을 유지해준다. 알비노니의 〈아다지오〉, 바하의 〈브란덴브루크 변주곡〉 등 마음이 편안해지고, 그래서 잠도 잘 오는 고전음악만을 골라 열심히 분위기도 잡아준다.

극장의 입장에서 보자면 '죽은 시간'이나 다름없는 낮시간의 극장을 놀리지 않아서 좋다. 시간의 생산성과 공간의 생산성도 더불어 높아진다. 또 음악만 틀어주면 되는 일이니 밑천 안 들이고 장사할 수 있어 일석이조다. 생활설계사 등 주로 외근활동을 하는 여성들은 물론 내근직 여성들 또한 '어디 갔다 오냐'는 상사의 추궁에 음악감상회를 핑계 대며 고품격의 취미로 낮잠을 위장할 수 있어 좋은 일일 것이다.

극장의 장삿속과 여성직장인들의 생리적 갈망이 문화라는 이름으로 만나 이루어낸 작품(?)이다. 이 프로그램은 출시 2개월 만에 400만 원의 순익을 극장에 안겨줬다. 물론 많은 금액은 아니다. 하지만 이 프로그램에 다녀간 이들 중에는 분명 극장에 처음 온 사람들도 있을 것이다. 단지 낮잠 즐기기 위한 출입이라 할지라도 알게 모르게 문화예술공간의 향기를 경험하게 되고 극장에 대한 친밀감도 갖게 되었을 것이다. 그들은 언젠가 저녁공연 시간대의 관객이 되어 극장을 찾아줄 것이다. 생각을 바꾸면 낮잠도 문화상품이 될 수 있다.

문화공간 운영의 3박자

'문화공간 운영의 2박자'는 하드웨어와 소프트웨어의 환상적 결합을 말한다. 아직까지도 문화공간 운영자들의 논리는 좋은 시설과 좋은 작품만 만날 수 있다면 관객창출은 문제없다는 식이다. 물론 우수한 작품에 관객이 몰리는 것은 당연한 현상이다. 그래서 공연장에서는 소프트웨어 공급자인 예술가 혹은 단체의 분발을 촉구하는 문화경영자들의 목소리가 높다.

좋은 시설에 담겨질 우수 레퍼토리가 없다는 것이 그들의 탄식이련만 양질의 소프트웨어가 충분히 공급되는 경우란 그리 많지 않은 것 같다. 따라서 우리의 문화공간 운영자들은 "경영실적이 작품성과 무관하지 않은 이상 경영실패도 불가항력이었다"라는 논리로 책임의 정면에서 약간은 몸을 숨길 수 있었다.

하지만 이는 '2박자 시대'의 얘기다. 요즘은 하드웨어와 소프트웨어, 거기에 마인드웨어가 결합되어야 하는 '3박자 시대'다. 마인드웨어란, 방관자가 아닌 적극적인 조정과 확산을 주도하는 참여자로서의 문화공간 운영자들의 역할을 의미한다.

문화공간 경영에 있어 좋은 작품을 만드는 것만큼이나 좋은 작품이 되도록 지속적인 지원과 노력을 해나가는 일도 중요한다. 또한 이와 함께 관객의 구미에 맞게 포장하고 홍보하여 판매해나가는 기술, 즉 마케팅 마인드가 트라이앵글처럼 서로 만나야 한다. 잘 갖추어진 시설과 예술가의 만남에, 그동안 국외자로 남탓만 하던 문화공간 운영자의 역할이 마인드웨어라는 이름으로 추가된 것이다.

큰 의미로 볼 때, 제품 중심에서 판매 중심으로 전환한 마케팅 마인드 없이는 우리의 문화공간들도 이제 살아남기 힘들다. 물론 이는 이윤 추구동기로만 이루어지는 기업의 경영활동과는 약간 다르다. 수준높은 문화예술을 보다 많은 사람들이 접할 수 있도록 하는 문화사회학적 목표가 더 중요하다. 이익도 이러한 의의와 더불어 창출되는 것이다.

앉아서 관객이 오기만 기다리던 시대는 끝났다. 오늘날 중요한 것은 문화창조자의 생산물인 예술작품을 더욱 갈고 닦아 이를 잘 팔리는 상품으로까지 만들어나가는 문화공간 운영자들의 새로운 마인드다. 변화하는 시대는 문화경영자들에게 더 큰 분발을 촉구한다.

매표원이 곧 극장장이다! | 어린이들에게 꿈과 상상력을 마음껏 펼치게 해주는 미국의 놀이동산 디즈니랜드. 관람객은 가장 먼저 상냥한 웃음으로 인사하며 표를 파는 매표원과 만난다. 넓은 공간을 두리번거리는 꼬마가 있다면 어김없이 안내원이 달려와 아이의 키에 맞게 무릎을 굽혀 눈높이를 맞춘 다음 "뭘 도와드릴까요?" 하고 말한다. 최초의 고객접점지(顧客接點地)에 배치된 이 사람들의 친절함 하나만으로도 디즈니랜드의 하루는 박하사탕처럼 달콤하고 즐겁다. 디즈니랜드를 한 번이라도 경험한 사람이라면 다른 이들에게 "대단한 곳이었지!"

라고 서슴없이 말하게 되는 것은 그래서다.

미술관, 공연장 등을 찾는 관람객도 가장 먼저 매표소에 들러 표를 산다. 관람객은 매표원과 만난 후에 경비원 혹은 안내원의 도움을 받아 입장한다. 즉, 매표원과 안내원, 경비원은 최초의 고객접점자다. 고객은 이들과의 만남을 통해서 미술관 혹은 공연장에 와 있음을 확인한다.

중요한 사실은, 고객이 문화공간에 와서 시작과 끝을 다할 때까지 만나는 사람들이 결코 책임있는 자리에 있는 관리자들이 아니라는 점이다. 미술관이나 공연장을 일류로 만들고 싶다는 것은 모든 문화공간 운영자들의 소망일 것이다. 책임을 지는 자리에 있어본 사람들은 그 자리가 얼마나 무겁고 고통스러운 자리인지 잘 알고 있다. 그래서 문화공간 운영자들은 노심초사 이상적 목표를 설정하고 매진한다. 거기에 감초처럼 항상 끼어드는 말이 있다면 '고객서비스만족'이라는 캐치프레이즈다.

나의 극장운영 캐츠프레이즈는 '친절한 극장' '만만한 극장' '편리한 극장'이었다. 운영자 편의 중심이 아니라 이용자 편의 중심의 경영 모토다. 문화공간의 주인이 관객이라는 것을 익히 아는 이들이라면 주인 모시기를 어떻게 해야 한다는 것쯤 모를 리 없다. 그러나 '고객 잘 모시기 운동'은 위로부터 나오고 위에서 끝나는 경우가 대부분이다.

조직의 어떤 관리자들은 "내 살점과 같은 조직을 살리기 위해 밤낮으로 뛰어도 정작 하부까지 내려오면 그 의지가 먹혀들기 힘들다"며 하소연한다. 사실 윗사람이 "친절하라!"고 목이 쉬어라 외쳐도 잠깐 흉내만 내다 마는 것이 우리 공연문화공간 근무자들의 고질적인 행태다. 하지만 지금도, 앞으로도 관객은 이들을 통해 문화공간과 만난다. 고객접점지의 사람들이 불친절하면 모든 조직에 문제가 있는 것처럼 보이는 것이 인지상정이다. 관리자가 아무리 뛰어난 마인드를 가졌다 하더라도 고객과 직접 대면할 일이 없는 터이고 보면, 서비스가 얼굴인 매표원과 안내원은 곧 관장이자 사장인 셈이다.

일본의 문화공간 안내자들이나 매표원들의 친절은 가히 세계적이다. '아줌마 안내원'의 미소와 상냥함 때문에 몇 년 전에 방문했던 일본국립극장에 대한 좋은 이미지가 지금까지도 나의 뇌리에 생생하다. 문화공간의 최초고객접점자들을 모두 관장 내지 사장으로 만들어내자. 그래야 문화공간도, 문화도 산다.

공연장도 관광자원으로   영국런던의 웨스텐드 지역의 한 극장은 1999년부터 현재까지 뮤지컬 〈맘마미아〉를 공연하고 있다. 런던에 머무르는 관광객치고 이 유명한 관광명소를 그냥 지나치는 사람은 드물다. 이 극장에 몰리는 관객들 중 40%가 외국인 관광객으로 집계되는 걸 보면 런던의 문화관광에서 이 공연장이 차지하는 비중을 짐작케 한다.

뮤지컬의 본고장 미국 뉴욕의 극장가는 브로드웨이, 오프 브로드웨이, 오프오프 브로드웨이로 크게 나뉜다. 미국의 극장발전기금(TDF)에서 펴낸 책자에 의하면, 2007년 뉴욕 시 전체에서 벌어들인 연간 관광수입은 280억 달러에 이른다. 이 중 관광객이 공연장에서만 쓴 돈이 약 9억3,800만 달러다.

뉴욕의 무역외 최대수입원은 브로드웨이, 박물관, 미술관을 활용한 문화관광사업이다. 뉴욕 여행객 중 3분의 2가 문화관광을 하는데, 전체 관광수입 중 70%가 바로 이 문화관광에서 나온다. 브로드웨이의 오펌 극장에서는 지금도 15년째 뮤지컬 〈스텀프〉를 공연하고 있고, 마제스틱 극장은 뮤지컬 〈오페라의 유령〉 공연만 만 20년을 했다. 이들 공연 관객의 대부분이 관광객들이다.

한국인들도 뉴욕에 가면 이들 극장에 가서 뮤지컬을 본다. 러시아의 모스크바 역시 극장이 관광명소가 된 곳이다. 볼쇼이 극장의 발레와 오페라는 관광상품화된 지 이미 오래다. 이탈리아 밀라노의 스칼라 극장과 베로나 야외극장의 오페라 〈아이다〉도 소중한 관광자원으로 정착됐다. 일본의 국립극장들은 오래 전부터 가부키(歌舞伎)와 노(能) 등 전통예술을 관광상품화하여 외화를 벌어들이고 있다.

나라마다 극장을 관광자원화하고 독창적인 레퍼토리를 개발, 상품화하는 것은 아주 특별한 의미가 있다. 그것은 외화획득이라는 유형의 소득뿐만 아니라 민족문화에 대한 자긍심을 팔아 세계인과 교류한다는 계량불가한 엄청난 무형적 부가가치를 얻는 일이기 때문이다. 브로

드웨이가 뉴욕의 자존심
이자 미국의 자랑이 된 것
은 이러한 가치의 무형적
소중함을 아는 극장경영
자와 많은 예술가들의 피
눈물나는 노력 덕분이다.

〈난타〉는 '세계화된 지역화(Globalized Localization)'의 가장 모범적
이 한국적 사례로 손꼽힌다.

이에 비해 우리의 현실은 갑갑할 지경이다.

우리나라를 방문한 관광객들도 한국을 상징하는 공연예술을 최소한 한 편 정도는 관람할 기회를 얻고 싶어할 것이다. 그러나 선진국 못지않게 수많은 공연장이 있음에도 불구하고 외국인들은 제대로 만들어진 '한국적 프로그램' 하나 접할 기회가 없다. 〈난타〉와 〈점프〉를 제외하고는 호텔에서 펼쳐지는 눈요기 쇼, 전통 관광식당에서 보여주는 소규모 공연과 몇몇 공연장의 전통예술무대가 고작이다.

문제는 공연장들마다 일회성 실적 위주의 작품은 많아도 극장을 대표하고 한국을 대표할 만한 고정 레퍼토리가 없다는 데 있다. 특히 관(官) 주도 공연장들은 돈이 적게 드는 보유 레퍼토리의 수정·보완작업보다는 창작품의 개발에 해마다 많은 예산을 투입하고 있는 실정이다. 그 해의 예산을 못 쓰면 이른바 불용액이 된다는 이유 때문에 끊임없이 새 작품을 만들고 팽개치는 실적주의를 선호하는 것이다.

이들 공연장들이 '창작의 육성'이라는 미명 아래 수많은 작품을 무

1995년 초연된 창작뮤지컬 〈명성황후〉는 2007년 3월 관객 100만 명을 돌파하고 뉴욕타임스로부터 "어떤 국적의 관객이건 감동받기에 충분하다"라는 평을 들었다.

대에 올렸지만 경쟁력을 획득하고 살아남은 작품이 별로 많지 않다는 사실은 추락한 우리 공연예술계의 위상을 말해준다. 그러나 반대로 뮤지컬 〈명성황후〉처럼 우수 레퍼토리 제작에 성공한 민간단체는 상설공연장을 확보하지 못해 아직 본격적으로 관광상품화하지 못하고 있다.

이제 우리도 공연장을 관광자원화해야 한다. 극장마다 그동안 평가받았던 우수한 작품을 발굴하고 브랜드화해서 관광상품으로 정착시키는 일이 시급하다. 그러기 위해서는 우선 재정적 기반이 확고하고 우수 예술단체를 보유한 국·공립 공연장부터 시즌별 고유 레퍼토리의 상설무대화를 추진해야 한다.

국립창극단의 창극 〈춘향전〉, 국립극단의 연극 〈시집가는 날〉 등은 독특한 한국적 소재와 서정성으로 당장 세계시장에 내놓아도 부끄럽지 않을 고유 레퍼토리의 가능성을 담은 작품들이다. 완성도가 떨어지는 부분이 있다면 시간을 두고 고쳐나가면 될 일이다. 이는 궁극적인 의미에서 홍보의 시너지효과는 물론 자발적 수요에 의한 내수관객 확대에도 기여할 것이다.

공연장의 관광자원화는 세계가 문화로 교류하고 친화하는 글로벌시대 국가의 문화이미지를 높이는 데 큰 몫을 담당한다. 정부도 상설 프로그램을 책자 등으로 한데 모아 해외문화원과 관광공사 등을 통해 외국인들에게 홍보하고 판매하는 일에 노력을 경주해야 할 것이다. 외화 획득 이상의 큰 가치를 향한 정부의 정책과 우리 공연장의 눈돌림을 촉구해본다.

오페라와 창극 | 오페라는 '음악과 연극을 하나로 합한 서양식 음악극' 이라고 간단히 정의할 수 있다. 1600년께 이탈리아의 도시국가 피렌체와 파도바에서 탄생한 이 음악극은 몬테 베르디 이후 서유럽을 풍미하는 주류 예술장르로 많은 사람들의 사랑을 받아왔다.

라틴문화에 기원을 둔 이 서구 공연문화의 한 정형이 우리나라에 소개된 것은 해방 이후의 일이다. 일제의 민족음악 말살정책 탓이기도 하지만 이후 오페라는 서양음악 중심의 교육을 받은 우리 음악인들에 의해 지속적으로 확대재생산되어왔다. 또한 오페라 무대는 외국유학파 성악인들의 인기있는 등용문 역할을 해왔다.

경제사정이 나빠지기 전인 작년까지만 해도 한국의 오페라계는 중흥의 전기를 맞이한 듯 활황을 구가했다. 공립 오페라단을 포함, 많은 민간오페라단이 오페라의 정수를 보여주겠다며 여기저기 큰 무대에서 화려한 막을 올렸다. 우리민족의 음악극을 위한 창극장(唱劇場)은 없어도 예술의전당 안에 '오페라극장' 이라는 이름이 붙은 호화공연장은 있을 정도니 아무리 서양음악 장르라고 하지만 그 위세를 실감할 수 있게 한다.

그러나 이 같은 외형적 위상에도 불구하고 우리나라 오페라 무대에 진정한 관객은 많지 않다는 것이 다년간 오페라를 제작해온 경험이 있는 나의 지론이다. 관립 극장에서 오페라 한 편을 제작하는 데 들어가는 비용은 2억~5억 원 정도. 이에 비해 입장권 판매수입은 제작비에 훨씬 못 미친다. 그나마 신문에 보도되는 "몰려든 관객" 운운의 내막을 살펴보면 초대권에 의해 동원된 거품관객이 대부분이다.

이 중 상당수는 주옥 같은 오페라 아리아에는 감흥하지만 낯선 억양의 대사전달 방식을 못 견디고 슬며시 자리에서 일어나는 경우도 많다. 우리 관객에게는 노래극일 바에야 차라리 우리 민족음악의 정서와 맞닿은 판소리식 대사전달 방식이 훨씬 더 친근하게 여겨진다는 얘기다.

기업의 협찬이 끊기고 많은 민간오페라 공연이 취소되는 최근의 사태는 자생력이 부족한 예술장르의 거품이 빠져나가는 소리가 아닐까? 물론 수백 년 동안 서양인들의 민족·음악적 정서 속에서 배양되고 발전되어온 음악극의 한 정형을 이 땅의 사람들이 익히고 즐기는 것도 중요한 일이다. 그러나 우리 땅의 자양분을 먹고 자라온 민족음악극, 즉 '창극'에 대한 관심도 오페라에 대한 관심만큼 키워보면 어떨까.

무라카미 하루키와 〈집으로〉

20여 년 전 일본 서점가를 무라카미 하루키가 강타했다. 전후세대의 섬세한 감성을 잘 그려내기로 유명한 젊은 작가의 수필집 하나가 수 백만 부나 팔려나간 것이다. 일본의 매스미디어들은 이를 '무라카미 열풍'이라고 소개했고, 그 열풍의 파장은 이내 한국의 출판시장도 훑고 지나갔다. 그때 많은 한국인들도 하루키의 책을 읽고 감응했다. 나 역시 무라카미 열풍의 원인을 알고 싶어 번역출간된 책을 사 보았다. 그런데 이건 도대체 무슨 일인가! 책을 읽어나가면서 이내 솟구쳐 오르는 의구심 때문에 읽던 책을 덮었던 기억이 아직도 생생하다. 긴장을 주며 박진감 있게 전개되는 소설이라면 그럴 수도 있겠다 생각했겠지만, 하루키의 경우 짧막한 일상의 이야기를 담담한 필체로 그려낸 평범한 글이었기 때문이다.

'커피 한 잔에 대하여'라는 수필의 내용은 '눈내리는 추운 겨울날 산장에서 벽난로에 타오르는 장작불을 보며 커피 한 잔을 마셨더니 정

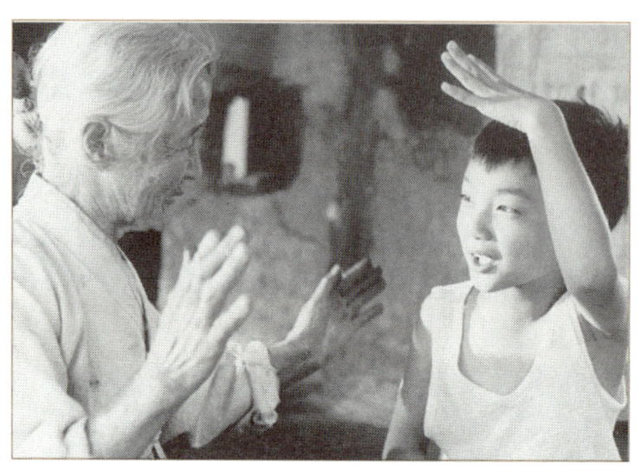

2002년 개봉하여 4,400만 명의 관객몰이 돌풍을 일으킨 이정향 감독의 영화 〈집으로〉. ⓒ연합뉴스

말로 맛있었다'는 식이다. 과연 무엇이 이 수필에 사람들을 열광하게 만들었을까? 현대인의 가치체계 안에 확고하게 자리잡은 '속도'와 '박진감'이라고는 전혀 찾아볼 수 없는 이 진부한(?) 작품들이 일본인은 물론 한국인의 마음을 사로잡을 수 있었던 비결은 과연 무엇이었을까?

'미려하고 감성적인 문체에 대한 젊은세대의 감응'으로 진단하는 경우가 아직까지는 정설이다. 그러나 그것은 잘못된 진단이라는 것이 나의 생각이다. 우리나라도 마찬가지겠지만 특히 현대 일본인들은 '속도의 고삐를 늦추면 살기 어렵다'는 강박증 속에서 살아왔다. 도스(DOS)를 배워 컴퓨터에 접근하자 윈도우즈(Windows)가 도스를 흔적 없이 날려버리는 식의 정보사회의 단절적인 변화는 사람들에게 왠지 근원을 알지 못할 불안감을 조성한다. 이 불안과 초조로부터의 돌파구가 무라카미 하루키 류가 아니었을까?

산장에 가서 벽난로 속의 장작불을 보며 커피 한 잔을 마시면 맛있다는 걸 모르는 현대인은 없다. 그러나 누가 이 바쁜 세상에 눈내리는 날 산장에서 커피 한 잔의 여유를 즐길 수 있을까! 다만 그렇게 하고 싶은 꿈을 그 책으로 구매한 것이리라.

수 년 전 한국영화 시장에서도 속도와 박진감과는 완전히 동떨어진 진부한(?) 소재의 영화 한 편이 대박을 낸 사례가 있었다. 한 재능있는 여성감독이 만든 <집으로>라는 영화인데, 어린 시절 모든 이들의 추억 속에 살아 있는 '외할머니댁'에서의 생활이 그 영화의 소재다. 흥행의 절대조건이라는 '조폭'과 '엽기'가 없음에도 그토록 떠들썩했던 진짜 이유는 '숨 좀 돌려가며 살자'는 것이 아니었을까? 잔잔한 화면 위에서 꼼지락거리는 할머니와 손자의 갈등과 사랑을 통해 메말라 비틀어진 세상을 성찰해보자는 사회의 집단심리가 반영된 것이 아닐까? 가슴에 묻어두었지만 언젠가는 꼭 그렇게 살아보고 싶은 꿈을 영화티켓으로 구매한 것은 아닐까? 아닌 게 아니라 눈내리는 산장에서의 커피 한 잔과 외할머니댁이 절절하게 그리운 세상이다.

유대계 미국인이 지구를 구한다? | 요즘도 명절 때면 단골로 안방극장을 찾아오는 영화들 중에 아직도 나의 기억 속에 생생하게 기억나는 것이 할리우드영화 <인디펜던스 데이>다. 미국독립기념일을 기해 시작되는 외계인의 침공에 맞서 영웅들이 지구를 구한다는 내용의 이 영화가 주는 궁극적인 메시지는 '미국인이 지구를 구한다'는 것이다. 미국중심주의가 철저히 반영된 이 영화 속에서 아랍인은 사막에서 터번을 두른 채 소총이나 치켜들며 무기력하게 미국인의 활약에 환

호하는 주변인일 뿐이다. 그 점에서는 대책 없이 전전긍긍하다가 어부지리로 살아나는 아시아인들도 마찬가지다.

산채만 한 외계 우주선이 지구파괴공작에 들어가는 순간부터 지구의 운명은 오직 미국의 손에 달려 있음을 영화는 줄기차게 강조한다. 처음에는 나도 '할리우드영화니까 당연히 미국적 시각이 반영된 거겠지' 하며 무심코 보았다. 그러다가 오늘날 미국의 위상을 다시 한 번 생각하게 해주는 장면 하나가 스쳐지나갔다. 외계인을 무찌르기 위해 컴퓨터바이러스를 주입하러 가는 주인공의 비장한 출정식에서 난데없이 유대교도의 모자를 쓴 주인공의 아버지가 유대교 의식으로 기도를 주재하는 장면이다. 별 주의없이 보면 누구나 그냥 지나칠 만한 내용이지만, 그것은 사실 영화 속을 종횡무진하던 주인공이 '알고봤더니 유대인이더라'를 말해주는 장면이다. 엄밀하게 말하면, 그냥 미국인이 지구를 구한 것이 아니라 '유대계 미국인'이 지구를 구한 것이다.

유대인은 미국인구의 2%에 불과하다. 하지만 부자 상위 400가족 중 24%, 최상위 40가족의 42%나 차지한다. 이 막강한 자본의 힘이 미국의 정치·경제를 좌우한다고 하니 미국은 가히 '유대인이 지배하는 나라'라고 해도 과언은 아니다. 할리우드의 영화산업도 일찌감치 유대인들의 손에 들어갔다.

미의사당 건물 앞에서는 유대계 단체들이 주도하는 이스라엘 지지 집회가 심심찮게 열린다. 미국 내 친이스라엘 인사들까지 대거 참석하는 집회의 슬로건은 대개 '팔레스타인의 테러'에 맞서는 이스라엘을 지원하자는 것이다. 그러나 팔레스타인인들의 테러는 2,000년 전의 연고권을 주장하며 팔레스타인 땅에 나라를 세운 유대인들만이 팔레스타인인들을 고향에서 쫓아내면서부터 시작됐다. 이스라엘 사람들은 '젖과 꿀이 흐르는 약속의 땅'에 순수한 유대인들의 나라를 만들기 위해 인종청소가 필요했고, 이를 위해 세계 초강대국 미국의 지원과 그에 힘입은 폭력으로 지금껏 일관해왔다. 소위 팔레스타인인들의 테러라는 것도 초기에는 기껏 돌멩이를 던지는 수준이었다는 것을 알 만한 사람들은 다 안다. 지금 이스라엘의 폭력에 맞서 펼쳐지는 자살테러는 갈곳 없는 팔레스타인인들이 안고 있는 절망의 극단적 표현이다. 진실이 이러함에도 오늘날 미국인들은 물론 한국인들도 팔레스타인인들의 고통에 공감하기보다 유대인들의 나라인 이스라엘에 왠지 모를 심정적 지지를 보낸다. 그 심정적 지지가 형성된 배경에는 〈인디펜던스 데이〉 같은 수많은 할리우드영화가 자리잡고 있음을 말해 무엇하랴. 앞에서 영화 〈쉰들러 리스트〉를 꼼꼼히 따져보기도 했지만, 영화가, 하나의 이야기가 대중의 의식까지 지배할 수 있는 세상이다.

아침드라마 전성시대

필자의 아내는 시중에서 인기있다는 TV 저녁드라마는 물론 아침드라마 한두 편쯤 거뜬하게 섭렵하는 '보통주부'다. 필자의 기억에 아내가 한때 즐겨 시청했던 아침드라마는 모 방송사에서 성황리에 연재했던 <외출>이다. 40대 이혼녀인 여주인공이 지긋지긋한 남편과 이혼하고 남편 없이도 잘 살아간다는 이야기다. 한마디로 남편 출근시키고 아이들 등교시킨 주부를 대상으로 하는 연속극이었다.

두 아이를 둔 주부인 주인공은 남편에게 애인이 생기자 과감히 이혼을 선택한다. 독립된 삶의 발판으로 카페의 사장이 된 그녀는 젊고 귀엽게 생긴 청년의 열렬한 구애를 받는다. 젊은 여자와 재혼한 전남편은 마냥 행복할 줄 알았던 새로운 결혼생활이 곧 난관에 부닥친다. 새엄마와 아이늘 간의 갈등, 고부간 문제 등 선남편에 관한 한 되는 일이라곤 하나도 없다는 것이 이 드라마의 시종일관한 전개방식이다. 하긴 배신자 남편이 행복해진다면 주인공을 대리해 온갖 분노를 씹고 있을 주부들의 원성을 무엇으로 감당하랴!

아무튼 종영장면에서도, 떠났다 돌아온 젊은 애인과 여유있는 모습으로 해후하는 여주인공에 비해 후처에게 쩔쩔매며 사는 전남편의 모습은 지나칠 정도로 대비가 되어 비루하기 그지없다. 바로 이런 식으로 끝나는 아침드라마의 전개와 결말이 일부 남성들의 분노를 샀나보다. 당시 몇몇 신문 지면에 '아침드라마가 가관이다'라는 식의 비판이 심심찮게 등장했던 것으로 기억한다. "불륜, 이혼, 미혼모 아니면 드라마 못 만드나" "이런 드라마가 문제고 해악이다" "이혼율이 늘어나는 배경에는 아침드라마가 있다" 등 개탄의 소리가 참으로 시끄러웠다. 과연 그런가?

'오이디푸스 콤플렉스'란 프로이트의 정신분석학 용어로, 남자의 본능 속에 잠재해 있는 어머니에 대한 애착과 아버지에 대한 미움의 감정을 말한다. 그러나 그리스의 비극작가 소포클레스의 희곡 '오이디푸스 왕'에서 어원이 유래된 이 감정을 현실 속에서 구현한다면 신탁에 의해 아버지를 격살하고 어머니와 근친상간해야 했던 오이디푸스 왕처럼 패륜과 범법이 강을 건너야 한다.

현실세계에서는 누구도 그 강을 건너서는 안 된다. 대신 사람들은 연극 〈오이디푸스 왕〉을 본다. 누구나 무대에서 오이디푸스 왕의 행동을 통해 억압된 본능의 묘한 카타르시스를 느낀다. 그러나 뭔지 잘 모르겠지만 잠재해 있던 본능의 짜릿한 대리구현을 느껴보는 것도 잠시뿐이다. 자신의 패륜범죄를 뒤늦게 인식하고 통한에 사무쳐 절규하면서 두 눈을 스스로 뽑으며 죽어가는 오이디푸스 왕의 모습은 극장문을 나서는 관객들을 향해 '인간이란 무엇인가' 라는 존재에 대한 엄숙한 질문을 던져준다. 잘 만들어진 연극 한 편은 이렇게 자신도 모르는 사이에 일탈욕구의 해소뿐 아니라 한 뼘 성숙된 인간을 만들어낸다.

당연히 40~50대 주부들도 일탈욕구의 해소처를 찾는다. 남편의 얼굴 보기가 힘들어지고 아이들까지 훌쩍 커버리면 주부의 소외감은 더욱 커져 '나는 무엇인가' 라는 삶의 회의가 생긴다. 일상의 권태로부터 일탈하고 싶은 욕구가 '새 인생을 살아봐?' 하는 충동으로까지 발전할 수 있다. 이러한 충동은 본능 속에 엄연히 존재하는 욕구다. 필자의 아내도 밖으로만 나도는 남편과 아이들로부터 도망치고 싶은 욕구가 있었을 것이다. 그 출구가 '가관' 이라고 지탄받는 소재들로 그려진 아침드라마가 아니었을까? '그래 맞아! 저게 언젠가 찾아올지 모를 나의 모습이야!' 하며 무릎 치며 빠져들었을 아내에게 드라마 속 전남편의 불행은 일종의 카타르시스다. 오이디푸스 왕을 보고 관객이 콤플렉스를 해소하듯 현실 속 남편을 향한 분노가 비현실의 드라마 속에서는 폭발하고 해소된다. 거꾸로 고마운 것은, 여주인공의 일탈 덕분에 아내의 일탈욕구가 상당부분 대리해소됐으리라는 남편으로서의 안도감 때문이다.

이혼율이 높아지는 것은 남녀평등사회를 지향하고자 하는 사회현상 전반의 영향이지 결코 아침드라마 때문은 아닐 것이다. 문제는 불륜이나 이혼 같은 소재라 하더라도 유치하고 현실감 없는 드라마에 그치지 않고 이를 어떻게 완성도 높은 드라마로 만들어내느냐 하는 것이다. 그것이 방송제작진의 과제다. 오히려 이러한 드라마를 통해 우리 주부들은 대리욕구충족과 함께 세상을 폭넓게 관조하는 안목을 키우게 되지 않을까?

그리스로마 신화 열풍

몇 해 전부터 우리 독서가에 그리스로마 신화 바람이 불어왔다. 고전적 스테디셀

러인 그리스로마 신화가 아니라 모 작가가 새로운 시각으로 구성해서 쓴 '이야기 신화'가 더 인기다. 이 이야기 신화를 쓴 작가와 출판사가 많은 돈을 벌었음은 물론이고 유사한 출판붐까지 가세해 한때 서점가는 '신화 천국'이라 해도 과언이 아닐 정도였다.

당시 신문들도 연일 그리스로마 신화 관련 책광고를 내보냈던 것을 생각해보면 신화 관련 출판시장이 크게 형성되어 있었음이 틀림없다. 그렇다면 왜 사람들이 갑자기 그리스로마 신화 열풍에 사로잡혀 난리였을까? 그 시대적 의미를 나는 두 가지로 읽는다.

첫째는 우리가 살고 있는 사회가 요구하는 숨막히는 패러다임으로부터 도망치고 싶은 일탈욕구의 반영이다. 정보화사회가 가져다주는 가치관, 즉 '속도의 고삐를 늦추면 죽는다'는 강박증으로부터 벗어나고 싶은 사람들의 가려운 곳을 그리스로마 신화가 긁어주고 있다는 것이다. 강박증으로부터의 도피가 비현실의 세계인 신화 읽기로 나타난 것이다. 숨막히게 돌아가는 세상 속에서 한 줌의 여유나마 부여잡고 싶은 심리를 신화가 해소해준다는 말인데, 자유자재로 상상의 날개를 펴는 신화이야기는 이에 적합하다. 학원과 선행학습에 시달리는 아이들에게 몰아닥친 '해리포터' 열풍도 이와 다름아닐 것이다.

두 번째는 종교적 억압(?)으로부터의 해방이다. 중세 종교사회도 아닌데 웬 억압? 하지만 종교 자체가 인간적 본능을 억압하고 있다는 데에는 시대를 막론하고 이의가 있을 수 없다. '이웃집 여자를 보고 음심

을 품은 자는 이미 간음하였느니라' 와 같은 말씀으로부터 완전히 자유
로울 수 없는 것이 인간이다. 자제하는 것은 가능할지 몰라도 음심이
생기는 원천적 마음까지는 통제가 불가능하다. 세속의 실정법을 아무
리 잘 지키고 착하게 살아도 믿음을 갖는 순간 원죄의 숙명을 지고 살
아갈 수밖에 없는 존재가 인간인 이상 종교 자체가 이미 인간의 자유
의지의 입장에서 볼 때는 일종의 억압이다.

더구나 요즈음의 종교가 인간의 의지보다 신의 요구 앞에 완결함을
요구하고 배타성을 더욱 공고히하고 있는 현상이 거꾸로 '인간으로 돌
아가자' 라는 캐치프레이즈에 큰 힘을 실어준 것이 아닐까? '그리스로
마로 돌아가자' 라는 캐치프레이즈 아래 신 중심사회에서 인간 중심사
회로의 변화를 꿈꾸었던 르네상스의 사람들도 바로 이런 생각으로, 이
런 식으로 종교적 억압에 저항했을 것이다.

그리스로마 신화는 많은 신들의 이야기이지만 오늘을 살아가는 인
간의 이야기이기도 하다. 이 신들의 이야기에서는 인간세계에서와 마
찬가지로 오만과 이기심, 사랑과 질투가 판친다. 중세의 종교가 인간성
을 억압하고 있을 때 르네상스 예술가들은 절대적 신의 덕목이 아니라
인간의 덕목밖에 갖추지 못한 그리스로마의 신들을 작품의 소재로 삼
았다.

환경이 완벽을 강요하면 할수록 거꾸로 인간을 그리워하는 것이 사
람이다. 책방에서 그리스로마 신화 관련 책이 날개돋친듯 잘 팔리는 세

태 이면에는 물신이 숭배되고 인간이 사라진 현대종교에 대한 반작용
이 아니었을까 생각해볼 일이다. 서점가에 부는 작은 바람 속에서 찾아
낸 큰 세상의 이야기다.

사교육비지수와 문화지수 | 1970년대 초 모두들 허기진 배를 움켜쥐며 경제
발전의 초석을 쌓던 시절 우리나라 도시근로자
들의 평균임금은 정말 보잘것없었다. 특히 'YH사건' 등에서 볼 수 있
듯이 공단 주변의 생산직 근로자의 한 달 임금은 쌀 한 가마 값도 안
되는 경우가 허다했다. 자연히 전체 지출 중 차지하는 음식물 비용의
비율인 엥겔지수가 높아질 수밖에 없었고, 이런 생계지향적인 열악한
환경 속에서 문화비 지출이라는 것은 엄두도 못낼 일이었다. 변변한 문
화인프라 또한 가질 수 없는 처지이고 보니 지금과 같은 문화생활, 레
저생활은 상상 속에서만 가능한 일이었다.

40대 이후 세대들은 "세상 참 많이 좋아졌다~"라는 말을 입에 달고
산다. 통계청 자료는 1971년도와 1996년도의 엥겔지수가 각 47%, 28%
임을 밝혀주고 있다. 절대임금이 작았던 당시와 비교해볼 때 그동안 근
로자 임금이 얼마나 천정부지로 올랐는가를 체감할 수 있게 해주는 통
계다. 경제지표의 향상은 문화인프라에도 영향을 미쳐 세종문화회관,
예술의전당, 국립현대미술관과 지방자치단체별 문예회관의 건립 등 문
화간접자본의 증대를 촉진시켰다. 도시근로자의 가계생활비 중 문화비

지출이 늘어난 것도 당연한 현상일 수밖에 없다.

그런데 문제는 꼭 그렇게만 해석할 수 없다는 점에 있다. 일각에서는 요즈음 도시근로자의 문화비 지출이 도리어 줄고 있다는 주장을 한다. 그 원인의 핵심에 사교육비가 있다는 것이다. 높아지는 과외비지수만큼 문화비 지출이 줄 수밖에 없다는 것인데, 엥겔지수가 높던 시절과 뭐 달라진 게 있느냐는 푸념도 나올 법하다. 우리집의 경우에도 그동안의 교육비 중 사교육비 비중이 총지출의 50%를 넘었으니 전혀 일리 없는 푸념은 아니라는 생각이다. 남들도 하니까 내 아이도 시킬 수밖에 없는 사교육열풍에 초연한 학부모는 없다. 학벌 위주의 교육풍토 속에서 경쟁적으로 펼쳐지는 사교육전쟁은 소시민의 가계뿐 아니라 문화시장의 황폐화까지 초래한다.

경제불황 탓이기도 하겠지만 순수공연장을 찾는 관객이 줄어드는 현상을 보면서 날로 늘어나는 사교육비지수가 언젠가는 이 땅의 건전한 문화를 망치는 괴물이 되지 않을까 근심해본다. 문화론자의 시각에서 본 사교육망국론이다.

<table>
<tr><td>

'마스터베이션 음악회'가 관객 쫓는다

</td><td>

초대권을 들고 공연장을 찾은 음악회 손님들은 대부분 일가친지들이다. 로

</td></tr>
</table>

비에는 각종 화환이 어지럽게 진열되어 있고, 손님들은 음악회를 즐기기보다는 주최측에 얼굴도장을 찍기에 바쁘다. 이름만 대면 알 수 있을

서울의 몇몇 공연장에서 지금도 늘 벌어지는 소위 '마스터베이션 음악회' 의 한 장면이다. 관객과 예술가가 만나는 자리라기보다는 음악행위자 스스로 자족하는 곳이라고 해도 지나친 말은 아닐 것이다. 이들 공연장에서 벌어지는 음악회의 유형은 두 가지다.

첫째는 대학교수가 연구논문 제출 대신 치러야 하는 독주회들이고, 두 번째는 부모의 재력으로 유학을 마치고 돌아온 소위 신예들의 귀국독주회다. 이런 음악회들은 마치 기혼자가 잠자리에서 멀쩡한 배우자를 외면하고 혼자 자위행위를 하는 광경을 연상하게 한다. 이런 이들은 애초부터 표를 팔 자신이 없기 때문에 '전석초대' 를 원칙으로 한다. 여기에는 예외 없이 연주자의 지위나 부모의 영향력을 과시하듯 축하화환이 줄을 잇고, 음악회의 의미를 확산시켜줄 '자위음악회의 나팔수(?)' 들러리 평론가도 등장한다. "그녀가 보여준 피아니시모는 환상의 극치였다" 하는 식의 평론이 월간 음악잡지를 장식하는 것은 의례적인 일이다.

참다운 주인으로서의 관객을 외면하고 문화적 확대재생산 구조의 산물인 전공자 친지, 관계자끼리만 모여 즐기는 각양의 음악회는 오로지 자신의 쾌락만을 탐하는 자위행위자의 모습과 다를 바 없다. 이는 왜곡된 우리 경제구조의 모순이 문화구조로 수평전이되었음을 말해준다.

자본축적 과정에서 필연적으로 상대적 빈곤과 소외를 낳듯 마스터베이션 음악회는 문화구조의 확대재생산 과정을 통해 대중의 소외를 조장할 수 밖에 없다. 그들이 홀로 창조하는 쾌감의 질은 높고, 그들의 활동은 자족적이나마 관객창출을 도모하며 전체적인 문화지표 상승에 기여한다. 그러나 행위 뒤의 쾌감에 비례한 허탈감과 공동(空洞)의 골은 더욱 깊게 패게 마련이다.

공연장에 '진정한 관객'이 갈수록 줄어들고 있는 세태에는 이러한 허례허식적, 비정상적인 마스터베이션 음악회 풍토에도 많은 책임이 있다. 모두가 함께 몸을 맞대고 환희에 떨 수 있는 진정한 예술소비풍토를 만들어나가는 일이 공연예술계의 과제다.

함께 부를 노래가 있는가

자동차로 떠나는 우리집 가족나들이는 한바탕 소란으로 시작된다. 먼저 차 안에서의 지루함을 덜기 위해 아내와 딸아이가 들고 나온 콤팩트디스크를 카오디오에 넣기 위한 다툼이 일어난다. 승자는 언제나 고집불통인 딸아이다. 그리하여 아내와 나는 강제된 신세대 음악공간 안에 영락없이 갇힌 채 랩과 광기어린(?) 댄스뮤직의 무차별적인 세례를 받고 만다. '어쩌구저쩌구 쿵쿵꽝꽝' 하는 음악 사이사이에 흥얼거리는 딸아이의 목소리까지 겹쳐지면 서정적인 음악과 재즈 등을 즐겨 듣는 우리 부부에게는 정말 참기 힘든 소음공해가 된다.

"시끄럽다! 그것도 노래라고 부르니?"

참다 못한 아내가 버럭 소리를 지르는데, 문제는 그 순간 눈이 동그

레지며 보여주는 딸아이의 반응이다. "엄마, 아빠는 세련되지 못하게 왜 우리들의 음악을 이해하지 못하느냐"하는 것이다. 노래문화의 단절이 세대 간의 단절로 이어지는 순간이다.

세대 간 음악취향의 차이를 주제로 담론하는 자리에서 지인 한 분이 나의 이야기를 듣고는 "요즘 노래는 노래가 아니라는 점에 동감한다"며 다음과 같은 예언적 발언을 했다.

"요즘 아이들 60, 70세 되면 숨차서 그런 노래 따라부르지도 못할 것이고, 그때는 아마 듣기 싫다고 할 겁니다."

그런데 과연 그렇게 될까? 유행가요는 한 시대의 사회정서와 환경들이 감응해서 만들어진 산물이다. 팔순 노부모의 평생 애창곡인 <목포의 눈물>과 〈눈물 젖은 두만강〉은 일제강점기 민족의 애환을 담은 노래다. 〈아침이슬〉이니 〈마이 웨이〉니 하는 우리 부부의 애창곡 또한 1970~ 1980년대의 사회상황 안에서 길들여진 것들이다. 요즘의 정신없이 빠른 랩과 댄스뮤직은 아마도 급변하는 사회변화 속에서 느끼는 젊은이들의 불안과 초조, 단절감을 역으로 일탈욕구에 담아 표현한 것이 아닐까 싶다.

그런데 중요한 것은, 10대부터 60, 70대까지의 모든 세대가 동시대의 사회환경 속에 살아가면서도 같은 취향의 노래를 소비하지는 않는다는 점이다. 그러고 보니 유행음악의 수요자는 어느 시대에나 10대와 20대가 축이었다. 그 중심축을 만드는 핵심매개로 언제나 확장지향적인 이들 세대만이 누리는 풍요한 '감성의 창고'가 자리하고 있다. 청소년시절 본 영화 한 편이 최근 본 그 어떤 화려한 영화보다 뇌리에 생생하게 기억되는 것은 비단 나만의 경우가 아닐 것이다.

인간의 이성은 나이가 들수록 확장되지만, 거꾸로 감성은 갈수록 무뎌지게 마련이다. 연극 한 편을 봐도 기성세대의 감동의 기폭은 10대처럼 예민하지 못하다. 10~20대 시절에 감성의 창고는 확장되지만 어느 지점에서 정지되고 만다. 따지고 보면 애창곡이라는 것도 그 옛 창고에서 꺼낸 한 조각의 추억에 불과한 것인지 모른다. 양희은·조용필의 콘서트에 40~50대 중년관객이 몰렸다는 소식은 다른 음악으로는 출구를 못 찾은 세대가 지난날에 대한 그리움에 몸을 착 기댄 현상이다. 누구나 젊은날에 부르던 노래에 갇혀 산다.

그런 면에서 볼 때, 요즘 아이들이 노년이 되었다고 해서 10대에 열광했던 랩과 댄스뮤직을 숨차다고 마다할 리는 없다. 30년 후 이효리와 빅뱅의 콘서트장은 괴성을 지르며 열광하는 중년관객들로 메워질 것이다. 물론 그들도 다시금 노래로 빚어진 세대 간 단절을 맛볼 것이다. 그러나 그건 어쩔 수 없는 숙명이다. 그러니 '함께 부를 노래'를 일찌감치 찾아보는 것도 하나의 해결책이 아닐까 싶다.

앞에서 자세히 묘사했던 우리집 세대 간 갈등의 해결책은 이랬다. 핑클이 부른 〈당신은 모르실거야〉와 DJ. DOC가 부른 〈해변으로 가요〉다. 혜은이와 키보이스의 목소리는 포기했지만 발라드풍의 멜로디와 가사만은 지켜낸 세대 간의 슬기로운 타협물인 셈이다. 어찌됐든 함께 부를 노래가 있어야 행복도 함께할 수 있다.

극장을 떠난 바보음악가들 | 이미 국내외 오페라 무대에서 잘 알려진 중량급 바리톤 우주호 씨는 이탈리아 유학파 출신인 테너 허양, 송승민, 유헌국, 베이스 이병기 등 12명의 남성 성악가들과 함께 2004년부터 '우주호와 음악친구들'이라는 남성중창단을 만들어 활동을 시작했다.

월급을 받는 국·공립 합창단도 아닌 이 자발적인 '민간음악가'들은 최근까지 총 300여 회의 공연활동을 펼쳤다. 대학에서 학생을 가르치는 등 저마다 직업을 갖고 있는 사람들로 구성된 민간음악그룹의 활동실적이 이 정도라면 음악계뿐 아니라 여론도 주목해볼 만한 사건이다.

그런데 '우주호와 음악 친구들'은 그동안 자신들을 세상에 소개하는 것을 주저해왔다. 아니, 조심스러웠다는 표현이 더 맞을 것이다. 왜 그랬을까? 그들의 활동무대가 대부분 그들이 서야 한다고 배워왔고 늘 꿈꾸어왔던 화려한 극장무대가 아니었기 때문이

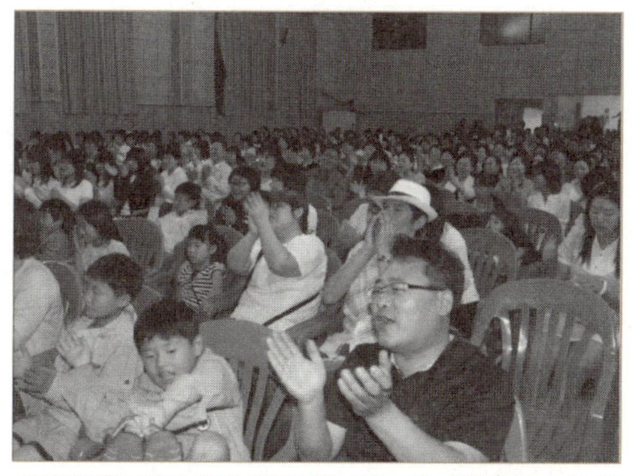

서산고등학교에서 열린 〈연주장을 떠난 바보음악가들 초청 지역주민을 위한 음악회〉에 참가한 주민들이 공연을 즐기고 있다.

다. 양로원, 보육원, 학교강당, 운동장, 심지어는 학술세미나장의 식당, 창고, 배밭, 뺄밭 등지에서 펼쳐진 공연에 대한 음악계의 평가를 걱정했기 때문이기도 하다.

도제식 교육제도가 위력을 발휘하는 우리나라의 음악교육 시스템에서 그들을 바라보는 성악계 선배나 원로들의 눈총을 무시할 수는 없었을 것이다. 음악계의 선배들은 그들에게 보다 아카데믹한 음악적 완성을 요구했을 것이고, 성악가의 활동공간은 어디까지나 무대라고 끊임없이 충고했을 것이다. 소위 '대중음악가'가 아닌 '클래식 성악가'라면 그에 걸맞은 무대에서 품격 있는 처신을 해야 한다는 소리를 귀에 못이 박이도록 들어왔을 것이다. 실제로 1980년대에 테너 박인수 씨는 극장이 아닌 야외음악회나 열린음악회 등지에서 대중음악가와 함께 무대에 섰다는 이유로 '딴따라'라는 별칭과 '대중인기에 영합하는 성악가'라는 따돌림을 받기도 했다.

그러나 '우주호와 음악친구들'의 생각은 달랐다. 음악가가 극장무대에서 기량을 더욱 기르는 것도 중요하지만, 더 중요한 것은 음악이 사람들의 생활 가운데서 함께 호흡해야 한다는 것이었다. 흔히 클래식 음악계의 침체 이유 중 하나로 세상과의 교류를 소홀히 한 것을 드는데, 극장에서의 음악은 점점 대중으로부터 유리되어 박제화, 박물관화되어가고 있다는 것이다. 그래서 이들은 '우리의 음악을 필요로 하는 곳이라면 어디든 달려간다'라는 모토를 내걸고 시간·장소에 구애 없이 전국 어디서든 출몰한다. 이 또한 '모세혈관 문화운동'이다. 실핏줄이 산소를 인체 구석구석 실어나르듯, 이들은 음악의 향기를 시골 면사무소 마당에까지 실어나르겠다는 '예술의 브나르도 운동'을 펼친다.

우리 클래식음악계의 아카데미즘과 귀족주의 전통을 비웃듯 이들의 활동은 요즘 엄청난 사회적 파장을 만들어내고 있다. 연주자와 관객을 엄중하게 분리하는 극장공간이 아닌 생생한 삶의 터전에서 울려퍼지는 감동적인 이들의 공연은 창립 첫해 11회, 2005년 76회로 늘더니 2006년에는 88회, 2007년에는 110회를 기록했고 2008년에는 150회의 공연을 했다. 묵직한 남성중창의 특별한 매력을 접한 사람들이 이들의 운동에 공감하고 후원을 모아주자 자원봉사공연의 횟수도 점점 늘어나고 있는 추세다. 서울 은평구의 어느 보육원 아이들과는 자매결연을 맺었고, 장애인복지관이나 재난현장 등을 찾아 소외되고 상처받은 사람들을 위로하는 일에도 열심이다.

오늘 우리나라 도시들에는 화려한 극장이 수없이 지어져서 음악가의 활동공간은 대폭 늘어났다. 하지만 아직도 농촌지역에는 아름다운 음악의 손길이 안 닿는 소외지역이 많다. 음악가 자신들만을 위한 마스터베이션을 일삼는 주류음악계의 입장에서 보면 화려한 극장을 버린 이들의 반란은 이단이고 바보들의 행위다.

그러나 좋은 음악이 사회를 응집시키고 통합의 에너지를 만들어낸다는 점에서 볼 때 이들의 문화운동은 정치인 100명의 힘보다 더욱 큰 사회적 파장을 만들어낼 수 있다는 것이 나의 생각이다. 주변의 격려에 힘입어서인지 이들은 최근 아예 단체의 이름을 '극장을 떠난 바보음악가들' 로 바꾸고 세상을 향해 다시 도전장을 냈다. '바보음악가들' 이 득세하는 세상이 되었으면 좋겠다.

바보성공시대를 위하여 | 2008년 겨울 극장가에서는 〈바보〉라는 영화가 사람들의 심금을 잔잔하게 울렸다. 마침 신문에는 김수환 추기경의 자화상이 소개되었는데, 김 추기경은 자화상에 스스로 '바보' 라고 서명했다.

대통령선거 직후여서 경제공약을 내건 대통령에 대한 기대가 한창 높아지고 있을 때다. 새로 들어설 정부는 '4만불, 국민성공시대' 라는 슬로건을 연일 홍보하고 있었다. 나는 김 추기경의 기사를 뭉클한 마음으로 읽다가 '바보가 세상을 구원한다' 라는 역(逆)캐츠프레이즈를 떠올렸다. 여기서 '바보' 의 정의는 '자신의 이익보다 다른 사람을 먼저 배려하고 희생하지만, 세속적인 가치기준으로 볼 때 어리석어 보이는 사람' 이라는 의미를 갖는다. 모두가 잘나고 똑똑한 세상에서 영화 속의 바보처럼 가족과 이웃을 위해 희생하고 헌신하는, 그래서 세상의 가치로 볼 때는 '바보' 일 수밖에 없는 사람이 부대끼며 살아가기 힘든 이 사회에 대한 두려움과 공포가 문득 몰려왔기 때문이다.

정보사회 이후 사회변화의 물살은 전광석화처럼 빨라졌다. 지금 우리가 앞으로 나아가야 할 미래는 기다려주지 않고 먼저 달려와 우리의 옷깃을 스치고 지나간다. 경제발전을 위한 속도·경쟁 지상주의가 잘난 사람들을 부추기고 지나간 자리에는 여지없이 물신숭배의 부작용이 곪아터진 속살을 드러낸다.

'경제몰입'을 부추기는 정부의 말대로, 과연 국민소득 4만 달러를 향해 달려가는 것이 진정 우리를 행복하게 해줄 수 있을까? '국민성공 시대'라는 캐치프레이즈는 이 사회에 또 다른 어두운 그림자를 만들어 내는 전주곡에 불과할 뿐이라는 것이 나의 생각이다. 빨리 뛰기 경주를 하고 있을 때 모두가 같이 뛰면 사회라는 심장에 부하가 걸리게 마련 이다. 대부분이 숨가쁘게 달려가더라도 한쪽에서는 숨쉬기운동을 하는 사람들이 있어야 사회의 밸런스가 유지되는 법이다. 아시아에서 가장 행복지수가 높다는 나라 부탄은 국민소득으로는 세계에서 최하위에 속하는 나라다. 히말라야의 깊은 산맥 속에 위치한 부탄의 국민들이 느 끼는 행복이란 분명 국민소득에서 오는 것이 아닐 것이다.

어려운 시기일수록 '바보 같은 사람들'이 더 많이 나와줘야 나라가 평안하고 국민이 진정한 행복에 이를 수 있다. 우리 시대의 큰스승이신 김수환 추기경도 바보였지만, 성인인 예수도 바보였고 석가모니도 바 보였다. 서울대 미대교수이자 화가인 김병종은 "예수야말로 가진 것을 다 인류를 위해 주고 간 바보"라며 '바보예수'의 모습을 그렸다.

'이해관계를 따지지 않고' '사랑하면 변할 줄 모르고' '누구에게도 위해를 가하지 않고' '꾸준히 자신의 할일만 하는' '바보'들이 '잘난 이들'과 함께 성공하는 시대를 만들어야 진정한 의미의 국민성공시대도 열 수 있다. 아니, 어려운 시기일수록 잘나고 똑똑한 사람보다 오히려 바보들이 많이 나와야 나라가 굳건하다.

통일과 예술경쟁 | 성악가나 배우가 무대에서 버는 소득을 '노동의 대가'로 볼 수 있을까? 그 역시 몸으로 부딪혀 버는 수입이니까 임금의 성격이 아닌가 하고 생각하는 사람들도 있을 것이다. 하지만 경제학에서는 이러한 소득을 '지대(地貸)'로 분류한다. 부동산업자도 아닌데 무슨 땅을 빌려줬다고 지대를 받느냐는 질문도 있겠지만, 어쨌든 엄밀한 의미로 '경제적 지대'라고 정의한다.

한정된 자원인 토지의 공급처럼 그 희소성의 가치로 인하여 재능을 빌려주고 받는 소득이기 때문이다. 바로 이 '한정된 자원'이 수요에 따라 시장가격을 형성하며 등락하는 곳이 바로 관객이 모이는 극장이다. 지금까지 우리의 예술가들은 나름대로 극장과 관련시장을 중심으로 천차만별의 경제적 지대를 발생시키며 활동해왔다. 재능의 희소성이 뛰어날수록 높은 값의 지대를 받는 예술가들도 있었지만 그렇지 못한 경우도 허다했다.

그러나 높아진 국민경제 수준에 비례하여 예술가들에 대한 처우도 예전보다 훨씬 좋아진 것은 사실이다. 국립예술단체는 물론 각 지방자치단체에서 창단하는 예술단체의 숫자만 보더라도 이제는 문화에 관한 한 궁핍했던 어제의 우리가 아님을 알 수 있다. 공급이 늘었다는 것은 수요 또한 폭발적으로 증가했다는 뜻이리라. 개별 예술가들의 활동도 눈에 띄게 늘어났고 이 같은 추세는 아마도 지속될 것이다. 그러나 이것은 어디까지나 통일을 전제로 하지 않았을 때의 얘기다.

최근 북한 내부의 급속한 붕괴 조짐은 남북한의 정세가 언제 어떻게 변할지 모른다는 우려를 낳고 있다. 만약 북한의 붕괴로 갑작스럽게 통일이 된다면 우리의 예술유통시장은 어떤 변화를 맞게 될 것인가? 나의 상상력과 유추는 결코 남한의 예술가나 단체들에게 유리하지 않을 것이라고 진단하고 있다. 비록 규격화되고 기계화된 북쪽의 예술가들이라지만 그들의 기량은 입신(入神)의 수준이 허다하기 때문이다.

경제적 지대는 '움직이는 지대' 다. 인민배우들을 비롯하여 숱한 북쪽 예술인들이 보다 높은 지대를 받기 위해 남쪽을 향해 이동하는 순간 남한의 예술유통시장의 질서는 급작스런 교란을 맞게 될 것이다. 뛰어난 재능을 가진 예술인이라면 몰라도 지금까지 돈의 경쟁력으로 예체능 대학을 나와 유학까지 다녀왔다는 '자칭 예술가들' 의 존재가 어떻게 되리라는 것은 불보듯 뻔하다.

부동산 투자자들이 시대변화의 흐름을 읽고 통일을 대비해 서울의 북쪽 땅을 미리 사두는 안목(?)처럼 우리의 예술가와 문화공간 운영자들도 모종의 대책마련이 필요한 시점은 아닐까? 시장은 끊임없이 변화하고 있다.

'수리안전답형(型)'
마케팅론

비가 내리지 않으면 일 년 농사 망쳐버릴 수밖에 없는 논을 천수답(天水畓)이라고 한다.
농지개량이 활발하게 진행되기 전까지만 해도 우리나라의 논은 대부분 천수답이었다. 따라서 자연의 재앙인 가뭄이 계속될 때면 기우제 같은 비과학적인 방법으로나마 이를 극복하려 했던 것이 우리 조상들이었다.

그러나 이제는 세상도 많이 바뀌있다. 산골짜기에 위치한 계단식 논이 아닌 웬만한 농지라면 대부분 관개수로를 충분히 확보한 '수리안전답(水利安全畓)'으로 변했다. 비를 주관하는 영적 존재를 우러러 제사지내던 기우제례는 이제 민속경연에서나 찾아볼 수 있는 전통문화가 되었다. 정보화시대에 가장 낙후된 분야라 할 수 있는 농사의 기본도 이 정도까지 발전했다.

그런데 농민들도 극복해낸 이 천수답형 농사법을 아직도 극복하지 못한 곳이 있다. 경제불황의 여파 속에서 '관객가뭄'으로 전전긍긍하는 우리의 공연예술계다. 공연예술계의 농사법은 오로지 천수답형이다. 공연 임박 전에 각 신문, 방송매체에 보도자료를 돌리고, 그들의 하느님 격인 기자가 비(기사)를 내려주기만 기다린다.

여기저기 보도가 나면 관객은 들지만, 아니면 제작비조차 못 건지고 망해버리기 일쑤다. 그 밖의 마케팅 전략이라는 것을 보면 육교 현판, 포스터 붙이기, TV 스팟광고 등이 전부다. TV 광고비용의 액수에 비추어볼 때 재정이 열악한 주최자는 그마저도 어려운 실정이다.

결실을 예측하기 어려운 이러한 마케팅 방법은 공연계의 불황을 더욱 부추기게 마련이다. 때로는 변덕스러운(하느님은 원래 변덕스러우니까) 신문방송만 우러러 쳐다볼 것이 아니라 관객(물)을 충분히 확보해놓고 공연(농사)하는 방법도 노력하기에 따라 얼마든지 있을 수 있다. 천수답을 수리안전답으로 바꾸어낸 농업당국과 농민들의 지혜로부터 우리 공연예술계가 한 수 배워볼 일이다. 수리안전답형 마케팅 전략의 개발을 통한 예술관개농법으로의 빠른 전환이야말로 작금의 공연예술계가 계속되는 관객가뭄으로부터 살아남는 방법이 아닐까 생각해본다.

가격파괴와 가격포기 | 얼마 전 공공예술단체에서 발행하는 공연 티켓 판매현장에서 '가격파괴'라는 말이 유행처럼 남발된 적이 있었다. 실제로 모 예술단체장은 뉴스 프로그램에까지 나와 "2만 원 받아야 할 티켓을 5,000원에 판다"며 가격파괴를 선언한 바 있다. 백화점 등에서나 하는 일을 문화예술계에도 도입했다는 얘기인데, 기실 이 단장님이 유통업계가 펼치고 있는 가격파괴의 실체를 제대로 파악이나 했는지 궁금하다.

백화점 등의 가격파괴는 엄밀한 의미에서 박리다매를 근간으로 하고 있는 고도의 상행위다. 즉, 수요가 탄력적인 계층을 대상으로 싼값에 물건을 판매함으로써 수입을 극대화하자는 전략이다. 예를 들자면 2억 원어치의 물건을 팔아 3억 원의 매출을 얻어 1억 원의 순익을 얻어야 할 공급자가 가격을 대폭 낮춤으로써 더 많이 팔고 수익도 높인다면 이 경우도 가격파괴에 해당된다. 또 1억 원의 순익을 포기하고 5,000만 원 정도의 이익만으로 만족한다면 5,000만 원 만큼의 가격파괴가 가능해질 수 있다. 실제로 후자와 같은 방법으로 이익보다는 판촉 및 홍보효과를 거두는 유통업체도 많다.

그런데 공공예술단체들이 내세우는 가격파괴의 내막을 살펴보면 정말 터무니없기까지 하다. 총 공연제작비 2억 원을 들여서 입장권 1장당 5,000원을 받으면 전체 수입이 3,000만 원밖에 안 되는데도 그걸 자랑스럽게 '가격파괴'라고 부르고 있으니 한심한 일이 아닐 수 없다.

엄밀한 의미에서 공공예술단체들이 관객동원의 수단으로 펼치는 작금의 가격파괴 움직임은 '가격포기'라야 옳다. 공공예술단체가 포기한 가격만큼 예술창조자에 대한 지원뿐 아니라 세금을 낸 시민을 위해 가격지원을 펼치는 것이라고 선전하는 편이 옳다.

그러나 정부기관 안에 문화산업국까지 설치하며 문화도 상품이라고 선언하는 요즘 세상에 가격포기를 양산하는 가격지원정책(?)은 무언가 이빨 빠진 논리가 아닌가 하는 생각이 자꾸 든다. 우리의 공연예술시장에도 가격포기가 아닌 진정한 가격파괴의 바람이 불길 기원해본다.

지방문예회관의 공동화 유감

수렵어로시대의 원시공동체 사회에서 인류의 조상들은 먹을 것을 찾아 산으로 강으로 돌아다녔을 것이다. 조별로 사냥과 어로를 마친 사람들이 하루의 수확물을 가지고 돌아오는 시간이 되면 혈거(穴居)가 모여 있는 마을 한가운데 모닥불이 지펴졌을 것이다. 식사가 끝나면 먹다 남은 수확물을 교환하는 시간도 있었을 것이다. 충족된 기분으로 다시 모닥불가에 둘러앉은 사람들은 누가 먼저랄 것 없이 춤추고 노래도 불렀을 것이다. 그때 노래에 뛰어난 재능을 가진 사내 하나가 마을사람들의 박수를 받으면서 등장하는 모습을 상상해본다. 청년의 율동과 노래에 반한 공동체의 사람들은 왠지 모를 희열과 감동에 휩싸인다. 그날 이후부터 사내는 공동체의 모든 작업으로부터 열외되고 모닥불가의 무대(?)에만 오르도록 종용받는다. 수렵어로시대의 극장과 배우의 탄생과정을 상정해본 나의 시나리오다.

농업과 상업의 발달은 극장의 기능을 모닥불가에서 마을의 광장으로 바꿔놓는다. 잉여생산물은 부의 축적을 가능하게 했고, 궁극적으로는 전문배우의 탄생을 도왔을 것이다. 최초의 대중예술 공연장이었던 극장을 만든 사람은 고대 그리스인들이다.

극장의 유래는 기원전 8백 년 그리스인들의 축제행사로부터 시작된다. 와인을 즐겨 마셨던 그리스인들은 주신(酒神)인 디오니소스가 사티로스(반신반수半神半獸의 신) 일당과 숲에서 산다고 여겼기 때문에 사티로스의 모습인 염소가죽을 둘러쓰고 염소의 울음소리를 내며 행진했다. 고대그리스어로 염소는 '트라고스', 가수는 '오이오스'다. 그래서 염소처럼 '매매-'하고 우는 가수는 '트라고스-오이오스' 혹은 '염소가수'라고 불렀는데 이런 우스꽝스런 이름에서 '트레지드(비극)'가 생겨났다. 연극용어로 '코미디'란 행복하게 끝나는 연극을 말하며 '트레지드'는 비극적인 결말을 맺는 연극을 의미한다.

그리스인들은 이런 새로운 예술장르에 어울리는 무대가 있어야겠다고 판단하고 근처 언덕의 바위들을 깎아 극장을 세웠다. 비로소 관중은 나무로 된 벤치에 원형으로 둘러앉아 연극을 관람할 수 있게 되었다. 이 같은 고대 그리스로마 시대 극장유적의 특징은 대개 마을 한가운데 아니면 도시의 중심에 위치하고 있는 것이 특징이다. 이는 원시적 의미의 극장 기능이 문명화된 도시에도 그대로 옮겨졌음을 알게 해준다.

고대로마 시대의 폼페이 시 유적은 원시시대 극장의 기원에 관한 나의 상상력에 완전한 해답을 제공해주었다. 도시의 중심 부분에 극장이 자리잡고 그 주변으로 상가, 식당가의 유적이 있다는 점, 가까운 지점에 유곽(遊廓)이 있다는 점 등은 '문명화된 모닥불가'의 기능을 유추할 수 있게 해준다. 모름지기 극장이란 먹고 마시고 노는 사회적 수요의 욕구들이 충족된 환경에서만 효용이 극대화될 수 있음을 안 고대인들의 지혜다.

정보화사회의 급속한 발전과 민주주의의 발전에 힘입어 우리나라에도 많은 수의 공연장들이 지방 중소도시 군 단위까지 건립되었다. 그런데 문제는 상당수 지방문예회관의 건립이 지역주민의 사회적 수요와 문화적 욕구에 기반하여 건립됐다기보다는 지방자치단체장들의 치적용 혹은 문화단체장이라는 이미지 획득을 위한 득표전략으로 세워지기 시작했다는 데 있다. 수요창출이라는 전략적 검토도 없이 문화공간의 가장 중요한 특성 중의 하나인 접근성조차 고려하지 않아 시민문화생활의 중심이 되지 못하고 공동화(空洞化)된 곳이 하나둘이 아니라는 얘기다.

문화창달이라는 공공의 이익과 가치창출은커녕 시설을 운영할 전문가조차 없고 마땅히 공간을 채울 작품조차 없어 문을 닫아 걸고 놀리는 지방문예회관이 참 많다. 그야말로 전략부재다. 우리의 지방문예회관들도 최대·최고의 시설만 자랑할 것이 아니라 수요확대를 위한 적극적 경영전략을 강구해야 할 때다.

문예회관 하나만 덩그렇게 지어놓고 관객을 기다리는 방식에서 먹고 마시고 놀던 그 옛날 모닥불가의 기능을 현대적으로 복합재현하는 방법이 정답 아닐까? 더 나아가 역사(驛舍) 위에 백화점과 함께 사람의 중심 속에 서 있는 지방문예회관의 탄생도 기대해본다.

3장

이야기가 삶이 된다

남성중심사회에서 남성이 맞벌이를 원한다는 것은 여성과 일자리를 나누겠다는 의지의 표현이다. 수직과 독점의 사회에서 수평과 균점의 사회로 한 발 앞서 나아가겠다는 뜻이다. 한정된 일자리를 나누겠다는 것은 결과적으로 자신의 일자리를 잃을 수도 있다는 의미를 포함한다. 이는 남성이 가부장의 권력을 포기할 수 있다는 선언이기도 하다. 남성만 가장의 고통스러운 멍에를 짊어져야 한다는 인식의 전환이기도 하고, 여성도 얼마든지 가장이 될 수 있다는 평등적 남녀관계의 변화를 예고해주고 있는 것이다.

아이디어뱅크 홍사종의 스토리 마케팅
이야기가 세상을 바꾼다

남자여, 부억을 점령하라 | 개를 키워본 경험이 있는 사람이면 누구나 다 아는 중요한 사실 하나가 있다. 별로 사랑을 베풀지 않아도 먹이를 주는 주인과 예뻐해주기만 하는 주인 사이에는 분명하고도 명백한 차이가 존재한다는 것을. 개의 입장에서 보면 먹이를 주는 주인은 자신의 생사여탈권을 쥔 권력자다. 먹이를 주는 주인의 작은 야단에도 개는 복종의 표시로 발랑 몸을 뒤집는다. 하지만 예뻐해주기만 하는 주인은 마음에 안 들면 이따금 물기도 한다.

우리의 가정사에서도 '먹이'의 주관자가 보이지 않는 권력을 쥐고 세상을 좌지우지하고 있다. 다소 엉뚱한 발상인지 모르겠지만, 내 생각으론 요즈음 아내가 해주는 밥 얻어먹으며 무위도식하는 나이든 남자들의 문제도 바로 여기서 비롯된 것이 아닌가 싶다. 조기은퇴라는 사회

적 시류와 고령화 사회로의 급속한 변화가 한때 부부관계에서 서슬퍼
렇던 남자들의 권력을 추락시키는 데 일조했다. 생산의 주권이 곧 권력
인 점을 감안해보면, 일자리를 잃어버린다는 것은 곧 권력의 상실일 수
밖에 없다. 따라서 가부장의 권위가 하루아침에 땅에 떨어지고 아내들
의 권세 앞에 쩔쩔 매는 형국으로 부부관계가 역전되는 것이다.

중요한 것은 아직도 우리네 남성들이 갑작스럽게 높아진 여성권력
의 배경을 잘 이해하지 못한 채 권력의 역전현상 앞에 당황하고만 있
다는 사실에 있다. 날로 심해지는 아이들의 무관심과 아내의 구박(?)에
살기 힘든 남자들이 모이면 이구동성으로 "여자들이 문세"라며 아우성
이다. 팔순을 훌쩍 넘기며 어머니와 함께 건강하게 해로하시는 나의 노
부(老父)만 보더라도 화려했던 봄날은 간 지 이미 오래다. 부부싸움을
해도 자식들은 으레 어머니 편이고, 부엌을 장악한 어머니가 파업을 선
언하면 아버지는 외식으로 끼니를 해결하다 이내 굶기 일쑤다. 차라리
항복하고 온순하게 신상을 보존하는 쪽이 낫다는 것이 아버지의 생각
인데, 그 결론은 "아무튼 말세"라는 것이다.

과연 그럴까? 모르긴 해도 오늘날 나이든 남성들의 수난은 남성들
스스로 자초한 것이라고 보는 편이 옳을지도 모르겠다. 우선 나이든 남
성들은 두 가지의 중대한 문제를 그냥 지나치고 살아왔다. 첫째는 가정
에서 권력이 나오는 중요한 거점인 부엌을 너무 하찮게 여겨왔다는 점
이다. 남편들이 일터로 간 사이 '여편네' 들은 부엌에서 요리를 하고 아

이들과 남편의 입맛을 자신의 뜻대로 길들여왔다.

엄마의 입맛에 길들여진 아이들이 또 하나의 세상으로 자라나면서 아내의 권력이 배가된다는 사실을 남편들은 알았어야 했다. 또 먹이가 만들어지는 부엌의 주권을 쥔 아내의 파업에서 오는 고통을 미리미리 대비해두지 못한 남성들의 준비부족이 문제다. 나의 노부가 노모의 폭압(?) 앞에 꼼짝 못하고 항복해버릴 수밖에 없는 사연도 실은 요리를 통해 생살여탈권을 휘두르는 부엌의 권력 앞에 무릎 꿇은 결과에 다름아니다.

두 번째는, 또 하나의 권력을 키우는 요람을 우습게 봤다는 점이다. '육아 같은 하찮은 일은 마누라 몫'이라고 생각하는 순간부터 남편들은 미래의 권력으로부터 철저히 소외될 수밖에 없다. 정년퇴직 후 급격히 추락한 남성들의 구겨진 위상에는 엄마의 요람에서 자라난 아이들이 한몫하고 있다는 중대한 사실을 미리 예견했어야 했다.

바야흐로 '남성의 수난시대'다. 그러나 그 수난의 이유와 배경을 알고 미리 준비하면 노후를 드센 여자들(?)로부터 안전하게 지켜갈 방법도 만들어지게 마련이다. 이미 나이든 남성들은 아기들의 요람을 흔들 시기를 놓쳤지만, 이제부터 요리라도 배워 젊은날 어쩔 수 없이 여성들에게 빼앗겼던 부엌을 탈환할 기회를 엿봐야 한다. 그러나 아내의 권력을 더욱 강화(?)해주는 미련스러운 설거지는 안 된다. 오직 '요리'를 해야 한다.

방황하는 남자들에게 | 오래전 대학입시생인 아들과 딸을 키울때 나는 심하게 외로움을 탔다. '가질 것 다 가진 사람이 무슨 행복에 겨운 소리냐' 힐난하는 분들도 계시겠지만 그것은 잘모르는 말씀이다. 나의 외로움은 아내와 아들, 딸의 집단 따돌림에서 시작되었다. 아내의 등쌀에 대전(대치동 전세살이의 줄임말)으로 이사가고 아내의 계산대로 아이들은 학원과 학교를 오가며 힘들고 고달픈 젊은날의 고통을 잘 감내하고 있었다. 그 숨막히는 와중에서 나는 아내의 엄명을 받았는데, '될 수 있으면 아이들 공부 분위기를 위해 집에 늦게 오고' '일요일에는 아침 일찍 당신 좋아하는 고향집을 향해 홀로 떠나라' 라는 것이었다.

늦장가를 간 모 공기업의 중견간부인 나의 친구도 일요일이면 예외 없이 집을 나와 홀로 떠돈다. 조조영화관, 책방, 선술집, 등산 등으로 시간을 보낸다고 한다. 물론 그 친구도 아이들이 어렸을 때에는 가족끼리 오붓한 시간도 많이 가졌다. 그런데 아이들이 입시생이 되면서부터 더 큰 희생자인 아내가 협조를 부탁한다며 자신을 집밖으로 내몬다는 것이다. 대입수능시험을 보는 수험생이 연 70여만 명이라고 치면 집밖으로 내몰린 아빠들도 줄잡아 70여만 명이 되는 셈이다. 자녀교육의 영향을 안 받을 수 없는 전체 고등학생의 아빠들과 자녀를 외국에 보낸 기러기 아빠들까지 합하면 우리 사회의 '갈 곳 없는 남성' 은 수백만 명이 훌쩍 넘는다는 계산이다. 이 땅에서 지금 수백만 명의 남성이 물리적이든 정서적이든 집밖에서 가족과 유리된 방황을 하고 있는 것이다.

전통사회에서는 남성의 자리가 분명했다. 시골에서 자란 내가 봐왔던 아버지의 공간은 사랑채였다. 사랑채는 안채의 주인인 어머니의 보이지 않는 시선 속에 통제된 아버지의 건강한 일탈공간이었다. 친구들이 찾아오고 어머니의 주안상이 흥을 돋우며 때로는 음담패설이 오갔어도 남성들의 일탈은 아내와 자식을 의식한 '절제된 것'이었다.

그러나 도시화와 정보화사회로의 급속한 사회변화는 남성들로부터 고유의 공간을 앗아갔다. 아파트로의 가옥구조 전환은 안채와 사랑채의 구분을 없앴고, 가장이 친구를 집에 초대한다는 것은 '간 큰 남자 시리즈'에서나 볼 수 있는 희귀사례가 된 지 오래다. 여기에 과열교육과 입시광풍까지 가세해 이 땅의 수백만 남성들을 가정이라는 안락한 공간으로부터 튕겨져 나가게 했다.

집밖으로 내팽겨쳐진 남성들이 갈 곳은 뻔하다.

"밤새 술 마시고…… 하루 속히 가족과 합치지 않으면 얼마나 더 망가질지 모르겠어요."

어느 신문 인터뷰에 인용된 기러기 아빠의 심경인데, 가족이라는 건강한 울타리를 잃어버린 세상 남자들의 절박한 위기감을 잘 대변해주고 있다. 사랑채를 빼앗고 자녀교육이라는 명분으로 가장을 집밖으로 몰아낸 사회는 또 다른 남자들만의 공간을 만들어냈다. 거리에 수두룩한 룸살롱 등 유흥업소는 정상적으로 일탈하지 못한 남자들의 비정상적 탈출구다. 이런 공간에 절제가 있을 리 없다. 암사자와 새끼들을 경쟁자에게 빼앗긴 숫사자의 절망과 광폭함이 만들어내는 불안·초조·광기의 활극은 암세포처럼 룸살롱에서뿐만 아니라 사회 도처로 옮겨다니며 세상을 어지럽힌다. 말초적 쾌락 속에서 부수고 물어뜯고 등떠밀어 죽이는 모든 사회혼란과 갈등의 원인들 중에는 바로 쫓겨난 숫사자들의 허무주의와 방황이 한몫하고 있다는 것이 나의 소견이다.

한낱 자식을 위한 유전적 숙주로서의 삶을 자초한 이 땅의 모든 남성들…… 이제는 그대들도 그대들만의 자리를 찾아야 한다. 알아야 할 것은, 그대들이 이토록 고군분투하는 배경에는 수직과 폐쇄로 일룩진 가부장제의 독선적 가치를 아직도 부여잡고 있는 아집이 있는지도 모른다는 점이다.

봄날은 갔다. 이제 자녀의 학습지도·논술토론, 아내와 함께 설거지·마사지 하기(?) 등 눈높이를 끊임없이 낮추며 살아야 할 때다. 어찌됐든 가족이 함께 살아야 세상이 조용한 법이다.

군림하는 아버지 시대와 포용하는 어머니 시대

어머니는 다정다감하고 극성스러우며 웃음도 많고 눈물도 많다. 그러나 그런 어머니는 전쟁과 속박으로 얼룩진 우리 역사의 중심에서 아버지가 사라진 집을 굳건히 지켜왔다. 팔난봉꾼인 아버지는 여편네가 알아야 할 필요도 없는 가부장으로서의 더 큰 사명(?)을 위해 늘 집밖으로만 나돌았다. 험난한 일제시대와 6.25라는 역사의 소용돌이 속에서 자식을 잃는 아픔을 겪으면서도 아버지의 자리를 대신 지켜낸 것은 어머니였다.

'어머니 신드롬'을 일으키며 몇 년째 관객을 몰고 다녔던 이윤택 연출, 손숙 주연의 연극 <어머니>가 그려내는 대강의 사연이다. 실은 내 유년의 저린 추억 속에 자리한 어머니의 모습도 연극 속의 어머니와 크게 다르지 않았다. 전깃불조차 들어오지 않던 고향마을에서 초등학교를 다닌 나는 5리나 되는 학교 근처의 선생님 집으로 과외공부를 하러 다녔다. 과외가 끝나고 여우가 출몰한다는 느릿재 고개를 넘어 집으로 돌아오는 길은 언제나 칠흑과 같은 어둠이었다. 장정들도 무서워한다는 그 고개 초입에서 등골이 오싹하는 공포감에 떨고 있노라면 어머니는 어김없이 희미한 등불 하나를 밝히며 나타나시곤 했다. 아직은 여리기만 한 어린 세계가 그렇게 등불 하나로 구원을 받는 순간마다 아버지는 그자리에 없었다. 아버지에게는 '더 크고 중차대한 일'이 있었기 때문이다.

이 땅의 아비들이 민주·민족·근대화·혁명과 같이 감히 여인들에게는 맡길 수 없는 큰일을 하려면 잠을 자둬야 했다. 그리하여 아내에게 모든 걸 맡기고 아버지가 잠들어 버린 밤, 세계는 어머니가 비추는 작은 등불 아래서 지켜졌다. 그것은 남성들이 거창한 이념으로 세상을 지배하기 시작한 이래로 아비의 사상 아래 홀대받던 우리네 어미들이 변함없이 지켜온 불멸의 가치였다. 지난 한 세기 아비들의 자리는 끊임없는 영욕을 거듭하며 부침해왔다. 전쟁은 부권사회가 필수적으로 양산해내는 권위주의의 극단적 산물이다. 여성을 억누르고 약자를 짓밟아서라도 세상 속에 자신을 드러내고 싶었던 이 땅의 아비들은 과장된 허위의식 속에 감추어진 자신의 진정한 존재를 똑바로 쳐다볼 엄두를 내지 못했다. 그 두려움의 빗나간 돌출구가 전쟁·학살·폭동·혁명이었을 것이다.

인간은 불행했고 근대사는 피로 얼룩졌다. 사실 더욱 불행하고 가여운 것은 우리네 아비들의 존재였다. 부권사회에서 자신의 존재를 끊임없이 증명받고자 했던 아비들은 심신이 만신창이가 되면서도 사내들이 지배하는 세상의 정의를 목놓아 부르짖었다. 따지고 보면 오늘날의 윤리·질서·도덕·규범도 이러한 절규의 산물이 아니던가!

하지만 인류의 새벽에는 어미들의 세상이 있었다. '모계사회'라고 불리는 그 시대에 어미들은 권력을 부여받았음에도 남성을 소유하거나 지배하기를 거부했다. 모성(母性)은 수평과 개방, 분산의 가치를 존중한다. 관용과 분배의 원칙이 있었으므로 그 시대가 '원시공산사회'라고 불린 것도 당연하다. 그리고 지난 한 세기는 아비들이 그 옛날의 어미들로부터 찬탈해간 권력의 마지막 시험장이었다. 허장성세로 가득 찼던 가부장권력의 상실은 역설적으로 '아비사상'의 시효소멸론을 주장할 시기가 됐음을 말해준다. 수직과 폐쇄와 독선으로 얼룩진 부성(父性)의 가치가 모성의 가치와 만나 변증법적 승화로 이어지는 새로운 시대의 도래를 예고해주고 있는 것이다.

이것은 이 세상의 모든 아비들에게도 불행의 종말을 알리는 구원의 나팔소리다. 가부장권력을 중심으로 하는 아비사상이 폐기되고 평등과 관용의 어미사상이 발현하는 순간 진정한 의미의 부권도 다시 존중될 것이다. 그리하여 새천년은 아비 홀로 무책임하게 잠든 밤을 등불 하나로 지켜낸 어미들이 정면에 나서는 시대가 되리라.

**그러나
남자도 보호받고 싶다** | 남녀고용평등법 시행규칙 제1조의2 별표에는 성희롱에 관한 판단기준이 예시돼 있다. 이 규칙을 제정할 당시 논란의 여지가 있었던 조항이 지금은 판단기준 항목에서 빠졌지만 아마도 '신체부위를 음란한 눈빛으로 쳐다보는 행위'였던 것으로 기억한다. '음란한 눈빛'이냐 아니냐는 여성들의 자의적 판단에 의해 결정되는 것이기 때문에 억울한 피해자가 속출할 것이라는 많은 남성들의 우려 때문이었을 것이다.

특히 얼굴도 권력인 사회에서 돈 없고 열등한 신체를 가진 남성들 사이에서 이러한 항목은 꽤나 두려운 조항이었을 것이다. 당시 인터넷 상에 어느 네티즌이 올린 "똑같은 눈빛이라도 장동건이 쳐다보면 따뜻한 눈빛이고 못생기고 볼품없는 내가 쳐다보면 음란한 눈빛이냐"라는 자조성 포스팅을 떠올리면 그 심사를 이내 알 수 있다.

말이 나왔으니 말이지, 돈 있고 잘생긴 남자들의 입장에서 보면 2006년 200여 명이 넘는 여성들과 엽색행각을 벌였다는 '명동 카사노

바 사건'과 같은 경우에서 보듯 위 조항은 그리 큰 걱정거리가 되지 않을지도 모른다. 하지만 이 땅의 대부분 남자들은 별로 가진 것이 없고 잘난 것이 없는, 그래서 자칫하면 잘못 돌린 눈빛 하나 때문에 패가망신을 당할 가능성에 죄다 노출된 사람들이다. 아마 근현대 역사상 최악의 불평등 입법으로 기록될 뻔했던 이 항목이 빠졌다는 소식을 듣고 많은 남성들이 가슴을 쓸어내리며 안도의 한숨을 쉬었을 것이다.

우여곡절 끝에 성희롱 금지에 관한 법률이 제정돼 항상 피해자의 위치에 있던 여성을 보호할 장치가 마련된 것은 천만다행스러운 일이다. 그러나 문제는 상대에 따라 사인이 달라질 논란의 여지가 있는 위 조항에서 보듯 우리 여성들이 여성문제의 피해자와 가해자를 '전체 여성 대(對) 전체 남성'으로 일괄해 규정짓고 바라보는 시각이다.

그간 여성의 권익을 억눌러온 가부장제사회의 억압에 대한 분노가 전체 남성들을 향해 폭발하는 것은 어쩌면 당연한 일이다. 하지만 우리네 여성들은 남성세계의 또다른 특징을 간과하고 있다. 여성의 눈에는 남성권력 사회에서 손해보는 쪽은 항상 여성이라는 피해의식에 사로잡힐 수 있지만, 막상 남성사회의 속내로 들어가 보면 그 안에 불평등의 깊이가 또 얼마나 심각한지를 알게 된다.

상당수 남성들은 독점권력화돼 있는 남성사회 안에서 패배감과 소외자로서 설움을 곱씹으며 산다. 사실 돈과 권력과 좋은 일자리는 사회적 승자인 소수의 차지다. 독점적 남성권력의 횡포는 매춘문제에서도 진면목을 드러내는데, 물론 매춘은 윤락행위방지법에 의해 단속해야 할 사회악이다. 그러나 성매매방지법 이후 장안동 마사지업소 등에서 벌어졌던 '매춘근절 전쟁'은 돈과 권력을 가진 남자들의 이중적 자기기만을 여실히 보여주는 행위라고 나는 생각한다. 가진 것이 많은 자들이 고급 룸살롱 등에서 은밀히 벌이는 매매춘 행각은 놔둔 채 장가 못 간 농촌 총각들이 신부감을 찾아 중국이나 필리핀 등지를 떠돌며 애태우는 일이 비일비재한 오늘의 우리 사회에서 일부 서민과 사회적 패자들의 비상구(?)만 봉쇄하려 드는 것이 기만이고 위선이라는 얘기다.

가장으로서 남성들의 지위도 날로 추락하고 있음은 여성들이 먼저 안다. 나의 경우도 일자리가 있어 명목상 생산을 독점한 셈이지만, 소비주권은 이미 주부인 아내에게 내준 지 오래다. 자녀교육에 관한 사항도 사장으로서가 아닌 과장(課長) 수준의 발언권밖에 행사하지 못한다.

알고 보면 이 땅의 적지 않은 남자들도 여성들만큼 약자이자 피해자다. 여성운동도 이제 여자 대 남자의 맞대결 차원이 아니라 이 땅의 불평등과 사회적 약자에 대한 사안별 배려의 차원에서 펼쳐주는 것이 바람직하다. 다시는 '음란한 눈빛' 등 자의적 해석의 여지가 있는 개념을 만들어 가진 것도 없는 불쌍한 남성들을 공포에 떨게 하는 일이 없도록 배려해주길 부탁해본다. 세상을 움직이는 부드러운 힘…… 여성으로부터 남자도 보호받고 싶다.

접대문화가 술에서 골프, 공연관람 등으로 바뀌고 있다는 소식도 들리지만, 워낙에 밀실을 선호하는 남성들의 문화는 경기침체에도 불구하고 룸살롱에서 퇴폐와 쾌락의 도를 넘고 있다. 그런데 왜 유독 우리나라에서만 룸살롱 같은 밀실문화가 성행하고 있는 것일까? 혹자는 한국남성들에게 가해지는 유난히 심한 사회적 압박이 원인이라고 하지만 그것은 문제의 본질과 먼 해석인 듯하다. 엉뚱한 주장처럼 들릴지 모르지만, 룸살롱 창궐의 주범은 주거공간의 급격한 변화에 있다.

전통사회의 한국형 주택구조에는 남성들만의 공간인 사랑채가 있었다. 사랑채는 전통사회가 주는 도덕과 윤리의 억압으로부터 남자들이 만든 자신들만의 일탈공간이다. 아내의 전용공간인 안채와 적당히 떨어진 사랑채는 응접공간인 동시에 남자들만의 내밀한 밀실지향형 공간이었다.

어린 시절 전통가옥에서 자란 내 기억 속의 아버지는 사랑방에서 사람들과 만나고 유흥을 즐겼다. 적당하게 안채와 격리된 사랑채에서 아버지와 그 지인들은 당신들만의 은밀한 대화를 하곤 했는데, 이따금 음담패설도 오갔던 것 같다. 그러나 그것은 어디까지나 주안상을 들고 들락거리는 어머니의 보이지 않는 시선 속에 적당히 통제된 일탈에 지나지 않는다. 짓궂은 손님들에게 치맛자락을 붙들린 어머니의 노랫가락도 간혹 들려왔지만, 사랑방에는 언제나 건강한 유머와 흥겨움이 있었다.

그러다가 전통사회의 해체와 더불어 주거공간의 변화가 이루어졌다. 사랑채는 이제 박물관화된 고옥(古屋)에서나 찾아볼 수 있을 뿐, 아파트는 남성들로부터 '사랑방 문화'를 빼앗아갔다. 집 전체가 가족구성원의 공동공간이나 다를 바 없는 가옥구조에서 사랑채를 잃어버린 남성들이 문득 갈 곳이 없어진 것은 당연하다.

아내의 허락없이 친구를 아파트로 초대하는 가장은 그야말로 '간 큰 남자'다. 갈곳 없어진 남성들이 자신들만의 '진화된(?) 의미의 사랑방'을 찾아낸 것이 바로 룸살롱 아닐까? 현대적 의미의 이 남성용 밀실공간은 익명성까지 보장해줄 뿐만 아니라 아내와 아이들의 시선으로부터도 완전히 벗어나 있다. 오늘날 룸살롱이 통제불능의 일탈문화의 고유명사가 된 것도 바로 이 때문은 아닐까?

남성들에게는 사랑방이 있었듯 전통사회에서 여성들에게는 건전한 일탈공간으로서 빨래터가 있었다. 빨래터에서 여성들은 자신들만의 억압적 일상을 보상받으려고 애썼다. 삶의 회한과 거침없는 배갯머리 사정들이 오갈 뿐만 아니라 은근한 음담패설까지 주고받을 수 있는 장소가 바로 빨래터였다. 그러나 빨래터는 속성상 동네 총각들과 남정네들의 보이지 않는 시선 안에서 적당히 통제되는 공간이었다. 남성들의 사랑방과 마찬가지로.

여성들의 빨래터 또한 급격한 도시화로 사라져버렸다. 예나 지금이나 물가를 좋아하는 여성들의 속성은 도시 곳곳에 현대판 빨래터인 '찜

질방 문화'를 만들어냈다. 아는 남성들의 시선이 사라진 익명성의 찜질
방 문화가 언제까지 당초의 건강성을 유지할 수 있을지 우려스럽다.

문제는 불건전해진 일탈문화가 사회건강의 상징인 가족 중심의 공
동체 문화를 앗아가고 있다는 데 있다. 그러나 해결방법이 없는 것도
아니다. 앞으로 대형 공동주택을 지을 때 최근 인기를 끌고 있는 주상
복합아파트처럼 공동주거 안에 지인들의 초대가 가능한 '공동파티 공
간(사랑채)'이나 '사우나탕(찜질방)' 등을 만들어주는 것이다. 남녀 각
자만의 놀이공간을 통제가 가능한 공동의 주거 안으로 끌어들이는 방
법이다.

주거문화를 다시 농경사회로 되돌릴 수는 없다. 그러나 사랑채와 빨
래터의 건강한 사회적 기능을 21세기 도시형 주거 개념에 도입하는 일
도 꽤 그럴듯한 아이디어가 아닐까? 남편과 아내가 '막' 놀지 않고 절제
하며 '함께 잘 노는 문화'를 위해 건설업자들도 아이디어를 내주었으면
좋겠다.

<table>
<tr><td>여자도
본능대로 살고 싶다</td><td>50대 전후의 세대들 중 1968년도에 한국영
화사상 공전의 히트를 기록했던 영화 〈미워</td></tr>
</table>

도 다시 한번〉을 모르는 사람은 없을 것이다. 사랑했기에 두 여자 사이
를 오가는 남자를 '밉지만 다시 본다'는 내용의 이 영화가 몇·년 전 다
시 현대적 시각으로 재해석되어 영화관에 올려졌다. 이름하여 〈결혼은

이야기 속에 등장하는 여성들의 권력적 위상 변화는 사회적 생산양식의 변화를 반영한다. 왼쪽은 〈미워도 다시 한번〉(1968), 오른쪽은 〈아내가 결혼했다〉(2008). (ⓒ연합뉴스)

미친 짓이다〉.

〈미워도……〉와 〈결혼은……〉이 반영하는 시대상과 사회상은 완전히 반대다. 〈미워도……〉가 1960년대 한국사회의 가치를 반영했다면 〈결혼은……〉은 오늘날 세태의 단면을 남녀의 사랑이라는 각도를 통해 보여준다. 먼저 〈미워도……〉의 남녀관계는 주인공 남자와 거기에 종속적으로 얽매인 여자의 관계다. 반면에 〈결혼은……〉의 남녀관계는 그 관계가 거꾸로 설정되어 있다. 여자가 '결혼할 남자'와 '사랑할 남자'를 따로 선택한 채 살아간다는 내용이다. 얼마 전 커다란 센세이션을 일으켰던 박현욱의 소설 『아내가 결혼했다』와 최근 개봉한 동명의 영화는 한 술 더 뜬다. 흠잡을 데 없이 사랑스러운 아내가 난데없이 또 한 남자와 결혼을 하겠다고 선언한다는 설정이다. 평생 한 남자만 사랑하며 살 자신이 없다나. '미워도 시대'와 비교하면 격세지감의 세상변화를 실감할 수 있다.

그렇다면 이러한 세태의 변화가 생겨난 원인은 과연 어디에 있을까? 혹시 사회적 생산관계의 변화가 직접적 배경은 아닐까? 즉, 모든 일자리를 남성들만 차지하던 가부장제의 수직사회에서 남녀가 일자리를 고루 분배해 나눠 갖는 수평사회구조로의 변화가 만들어낸 풍속도가 아닐까 하는 것이다. 〈결혼은……〉과 〈아내가……〉의 성 모럴을 변호하려는 것은 아니지만, 사실 인류의 새벽에는 결혼제도 같은 것이 애시당초 없었다. 모계사회라고 불리는 이 시기에 우리의 여성들은 자유롭게 남성을 선택할 수 있었고, 그래서 자식을 낳아도 아비가 누구인지를 몰라 모계의 성을 따랐던 것이다. 이 시기를 우리는 '원시공산사회' 라고 하는데, 이것은 여성의 권력이 민주적이었음을 말해주는 증거이기도 하다.

이후 태동한 농업혁명은 남녀가 권력을 나눠 갖던 사회의 질서를 깨뜨린다. 생산의 주권을 오로지 힘센 남자가 쥐고 흔드는 불공평사회가 도래한 것이다. 이후로 여성은 언제나 남성의 예속물이었고, 일부다처제는 이 불공평사회의 산물이다. 이렇듯 경제적 예속상태에서는 〈미워도……〉처럼 여성이 언제나 피동적 객체일 뿐이다. 그러나 〈결혼은……〉과 〈아내가……〉에 와서 이 위상이 백팔십 도 달라진다. 결혼은 조건 좋은 남자와, 연애는 섹시한 남자와 한다는 〈결혼은……〉 포스터의 캐치프래이즈처럼, 이제 여성은 한 사회의 주도권을 쥐고 흔드는 존재로 등장한다. 생산관계가 변화한 것이다.

언젠가 한 일간지의 경제면에 '여사장 1백만 명 돌파' 라는 제하의 기사가 났다. 여성경제인구의 증대는 사회의식의 대변화를 수반한다. 여성이 수 천 년 동안 빼앗겼던 생산의 주권을 다시 찾아오는 과정에서 만들어진 새로운 이야기가 〈결혼은……〉과 〈아내가……〉가 아닐까? 이 영화들을 보고 나이든 분들은 말세라며 너무 개탄하지 마시기 바란다. 그 옛날 잃어버린 권력을 되찾고, 남자들이 그래왔듯 여자들도 본능대로 한번 살아보자는 너무나 당연한 의식의 발로에서 만들어진 영화이니까. 돌고 도는 것이 권력의 속성 아니던가.

<table>
<tr><td>이 시대의 아내들에게</td><td>세상에는 소위 커리어우먼이라고 불리는 여성들이 많다. 전문분야에서 자기실력을</td></tr>
</table>

이 시대의 아내들에게 │ 세상에는 소위 커리어우먼이라고 불리는 여성들이 많다. 전문분야에서 자기실력을 인정받고 튀고자 하는 자아를 끊임없이 구현해내고 있는 여성들이다. 가부장권력이 지배하는 이 사회가 용납한 커리어우먼은 그러나 전체 여성인구에 비해 불과 몇 퍼센트에 불과하다. 남성중심사회의 입장에서 보면 권력의 부스러기 중 일부만 나누어준 셈이다. 따라서 가부장권력의 사회는 남성권력이 위협받지 않는 범위 내에서, 더 솔직하게 말하면 그 권력을 유지하기 위한 방편으로 커리어우먼을 키운다. 나머지 대다수는 가사를 돌보는 주부들이다.

아내란 이름의 여성들은 가부장이 일터로 나간 사이 집을 지키고 육아 등 '잡사(雜事)'를 돌본다. 사실 잡사라 함은 가정에 남아 있는 주부의 입장에서 뱉어내는 자조적 용어다. 아침에 일어나면 남편과 아이들의 밥상 차려주기, 남편의 와이셔츠 다려주기, 아이들의 옷이며 책가방 챙겨주기, 설거지, 빨래, 청소 등을 끊임없이 반복해야 하는 주부의 입장에서 그 모든 일들을 과연 무엇으로 부르랴!

아무리 현대문명의 이기들이 가사노동의 강도를 최소화했다지만 아내들의 손에는 하루도 물기 마를 날이 없다. 거기다가 아이들에게 쏟는 세심한 배려와 정성까지 합해지면 종류도 참으로 다양한 잡사가 아닐 수 없다. 문제는 주부인 아내들의 일이 커리어우먼들의 일처럼 전문적인 것이 아니라는 데 있다.

아내들은 자신이 여자라면 누구나 다 할 수 있는 일인 '잡사'를 처리하는 일꾼인 반면 커리어우먼은 '선택된 존재들'이라는 생각을 갖는다. TV 등 매스미디어에서도 커리어우먼은 화려하고 빛나게, 주부는 초라하고 빛바랜 존재로 대비해놓기 일쑤이다. 그렇다 보니 우리 주부들의 상대적 좌절감과 비애감이 더욱 커질 수밖에. 그래서 여성 대상의 TV나 라디오 프로그램에는 주부들의 불만과 한숨이 봇물처럼 쏟아지고 있다.

"전문적 직업에 종사하는 여성들만 보면 주눅이 들고 나는 인생의 패배자인 것만 같은 생각이 든다" "남편도 화려한 그녀들을 좋아하는 눈치다" "아이들 챙기고 남편 내조하느라 평생을 보냈는데 남은 것은 소외감뿐이다" 등등등. 이러한 푸념들이 급기야는 "나도 인생의 성취를 위해 무언가 해야겠다"로 발전하는 경우도 많다.

잊혀질 만하면 세간에 물의를 일으키는 '피라미드 사건' 등은 주부들의 이러한 심리를 교묘히 이용한 것들이다. 그러나 이 땅의 주부이신 아내들이여. 과연 그대들은 인생의 패배자인가? 결코 아니다. 육아 등 가사일은 아낙네의 일이라고 무책임하게 팽개쳐버린 채 자신들만이 자유·평등·혁명·민주·애국·근대화의 높은 이상을 추구할 수 있는 존재들이라고 생각해왔던 남성사회는 지금 스스로 모순으로 무너져내리고 있다.

주부이신 아내들이여! 그대들은 밥숟가락을 놓자마자 집밖으로 나가는 남편 대신 지금 이 순간에도 가정이라는 울타리를 소중하게 지키고 있다. 수직과 폐쇄와 독점의 권력이 판치는 가부장사회에서는 남편들 또한 대부분 패배자가 되어 만신창이가 된 몸을 그대들 앞에 누이고 따뜻한 보살핌을 받는다. 또 하나의 세상인 우리의 아이들도 당신들이 지키고 키워왔다.

엄밀하게 따지고 보면, 오늘의 이 세상은 육아 등의 일을 아내들에게 맡기고 거창한 구호나 외치고 다닌 남성들이 지켜낸 것이 아니라 주부인 그대들이 사랑과 희생으로 지키고 이어온 것이다. 결국 당신들이 부러워하는 커리어우먼의 탄생도 이 '지킴이 정신' 앞에 무너져 버린 남성사회가 미안한 마음으로 던져준 떡 몇 조각에 불과한 것이 아닐까?

허장성세의 가부장권력은 이제 종언을 고할 수밖에 없다. 그대들이 이어오고 지켜낸 이 세상을 홀로 독점하기에는 남성들도 너무 많이 지쳐 있다. 새천년에는 권력도 분점될 것이고 일자리도 더 많이 나뉘게 될 것이다. 아내들이여, 당신들이 지켜낸 소중한 가치들을 통해 누구나 주부이고 커리어우먼이 될 수 있는 세상이 더욱 앞당겨질 것이다. 수평과 분산의 소중한 가치를 이루어낸 그 힘의 원천이 당신들 안에 있음을 알아야 한다.

"남녀가 서로 권력을 나누고 일자리를 나누는 나눔의 사회가 오면 남성들도 가부장이라는 무거운 멍에로부터 해방될 수 있다."

남녀평등의 문제와 관련하여 '나눔의 문화'를 주창한 이경숙 전 숙명여대 총장의 말이다.

여성이 소비의 주체라고?

전화기 한 대를 사기 위해 전자제품 대리점에 갔을 때의 일이다. 아내와 아이들이 이것저것 전화기들을 구경하며 고르고 있을 때 내 눈에 띄는 제품이 있어 "이건 어때?" 하고 아내에게 의견을 구했다. 그러나 아내는 눈길 한 번 주지 않은 채 자신의 취향에 맞는 물건만 골라 계산대로 갔다. 그리고 하는 말.

"당신, 계산해요."

아내 옆에는 엄마의 선택에 무조건적인 지지를 보내는 아이들이 물끄러미 아빠의 다음 행동을 기다리고 있었다.

사실 여느때처럼 돈만 내면 될 일이었다. 가장인 나의 역할은 오로지 돈을 냄으로써 끝나는 것이었다. 하지만 그 순간 왠지 비감한 느낌이 들었다. 아, 이제 모든 소비의 주권이 여자들에게로 넘어갔구나!

불과 10년 전만 해도 생산의 주권을 쥔 남정네들이 소비선택에 참여할 기회는 얼마든지 있었다. 그런데 여성의 사회적 지위가 점점 높아져가는 이즈막에 와서는 소비선택에 관한 한 남성들의 입지가 볼품없이 줄어들고 말았다. 시장의 속성이 이러한 사회변화를 반영하지 않을 리 없다. 이제 기업들은 실질적 소비주체인 여성들을 공략하느라 분주하다. 가전제품은 말할 것도 없고 가구, 자동차, 심지어 남편의 넥타이까지도 주부이자 아내들이 선택하고 구매하는 세상이다.

문화시장도 예외는 아니어서 TV채널의 선택권은 물론이고 연극·영화·콘서트 시장도 70% 이상이 여성구매자들의 차지다. 따라서 여성들의 소비심리나 기호를 모르고서는 어느 시장이고 유지하기조차 힘든 세상이 됐다. 기업의 입장에서는 미래의 사활도 여성들에게 달렸다는 생각을 할 수밖에 없다.

그러나 과연 그럴까? 문화를 팔아야 하는 직업에 종사하는 나 역시 한동안 기업체 강연에서 '여성이 곧 시장'인 시대를 역설하고 다녔는데, 내용인즉슨 이러하다.

"수렵어로시대의 모계사회로부터 권력을 찬탈해간 부권사회는 농경과 산업사회를 거치면서 힘의 논리로 여성을 억압하고 생산과 소비의 모든 주권을 독점했다. 그러나 창의와 감성이 중시되는 새로운 사회의 도래는 여성을 남성의 지배로부터 해방시켰다. 여성도 이 세계의 당당한 주체로서 남성과 권력을 분점하기 위해 나섰다. 그러나 생산의 영역은 여전히 남성이 독차지하고 있다. 이에 여성은 우선 손쉬운 대로 '소비의 영역'을 쟁취했다. 이제 여자를 모르면 물건을 팔 수 없다. 여성이 곧 시장이다."

이런 논리에다 가전제품의 TV광고 비판도 곁들인다.

"여성이 소비의 주권자라는 사실을 외면한 채 미모의 여자 탤런트를 모델로 내세운 진자제품 광고는 실패할 수밖에 없다. 미모의 여자 탤런트는 주부인 여성의 입장에서 볼 때 자신에 비해 더 화려하고, 남편을 생각하면 무언가 편치 않은 잠재적 라이벌일 뿐이다. 그런 광고에 등장하는 상품은 남성들의 눈요깃감을 제공해주는 정도 아니면 유명인이 선전하는 물건으로밖에 비치지 못할 것이다. 그렇다면 '이상적 남편'의 모습을 구현한 남자모델이 (현실 속에서 불가능한) 아내에 대한 서비스를 보여주며 광고하는 건 어떨까? 남편이 빨래해주고 요리해주는 장면은 오늘날 주부의 일상 속에서는 여간해서 실현불가능한 장면들이다. 그러나 그런 사회에 대한 꿈을 담아 상품을 광고할 때 여성들은 꿈이 담긴 물건을 사려고 할 것이다. 미국 공황기에 꿈을 판 영화산업이 성공했던 것처럼. 미래에는 먼저 여성을 읽어야 기업들이 살 수 있다."

하지만 이제 와 생각해보면, 미래시장까지도 여성이 지배할 것이라는 나의 주장은 하나만 알고 둘은 몰랐던 착각이다. 생산과 소비의 주권을 남성과 여성이 싸우듯 나눠가진 지금의 사회는 무언가 정상적인 모습이 아니다. 몇 년 전 세간에 물의를 일으켰던 장관부인들의 '옷로비 사건'의 본질 역시 생산을 독점한 남성권력이 능력있고 똑똑한 여성들에게 일자리를 나누어주지 않은 결과의 산물일 뿐이다.

미래사회는 남성이 여성과 공평하게 일자리를 나누는 시대다. 남성들이 먼저 생산의 주권을 나누면 여성 또한 소비의 주권을 나누게 될 것이다. 그렇게 되면 기업의 마케팅 전략도 수정되어야 한다. 그때가 되면 내가 고른 전화기를 보며 찬탄하는 아내와 아이들의 환성도 되살아날 것이다. 앞으로 '여자만 믿다가 장사 망했다'는 소리가 들리지 않길 바란다.

여든 노모의 휴대전화 | 자식들과 따로 살며 다섯 살 연상의 남편과 해로하시는 내 어머니의 춘추는 여든셋이다. 그런데 최근 어머니가 아버지와 이혼을 고려하고 있어 우리 가족은 온통 초비상이다. 문제의 발단은 보통학교 졸업 학력이지만 지금까지도 독서광이자 서예 애호가이신 어머니가 구입한 휴대전화 때문이다. 교사 출신으로 퇴직 후 아예 책을 놓고 노인정에서 소일하시는 아버지와는 달리 서예모임, 도서관 강좌 등을 열심히 좇아다니는 어머

일명 '효도폰'은 현대시장의 소외자인 노인세대, 그중에서도 '할머니들'을 배려(겨냥?)하고 있다.

니는 젊은 동료여성들이 가지고 다니는 휴대전화의 편리한 기능에 맘이 끌리셨나 보다.

"나만 휴대전화가 없다"는 푸념이 급기야는 이 땅에 그 흔한 무선통신 가입자를 또 한 명 탄생시킨 것이다. 적어도 노인정파(老人亭派)인 아버지의 관점으로는 그것이 도무지 이해가 가시지 않았던 모양이다. "곧 눈에 흙 들어갈 나이에 주책"이라는 아버지의 불만에 노인정 친구분들까지 가세했다는 것을 보면 아버지의 힐난이 대단했었나 보다. 정보소통의 순발력이 절실히 필요했던 어머니는 급기야 "세상 돌아가는 것도 모르는 옛날 노인네"에게 결별을 요구하셨다. 요즘 내 아버지는 심각한 위기다.

사십대 중반 이후의 내 또래 남성들도 컴퓨터 세대인 20~30대 남성들로부터 무언가 끊임없이 치받치는 위기를 느끼며 살고 있다. 농경사회와 산업사회를 살아온 젊은날의 감각과 감성을 이야기사회가 요구하는 새로운 패러다임에 맞추며 변화시키기가 그리 쉬운 일만은 아니기 때문이다.

그러나 그들은 나름대로 '상대적 자부심'으로 위기를 극복하고 있는 것 같다. 자신들의 젊은 시절에는 요즘 20~30대 남자들처럼 나약하지 않았고 책임감도 강했다고 주장하는 것이다. 이들의 자부심 원천인 '왕년정신'을 풀어보면 이렇다.

"요즘 젊은 남자애들은 유약하고 무책임하다. 열이면 열, 결혼상대로 맞벌이 여성을 원하는 점만 봐도 그렇다. 또 집에서 육아에 종사할 수도 있다고 선언하는 남자들도 있는데, 이것이야말로 가장으로서의 역할 포기가 아니고 무엇인가! 어디 그뿐인가. 얼마 전에는 남자가 파출부까지 하겠다며 당당하게 TV프로그램에 출연한 일도 있었다. 우리 세대는 가부장으로서의 책임을 단 한 번도 포기한 적이 없었고, 지금까지 사회적 약자인 여성을 보호하고 지켜왔다."

이러한 주장에는 시대변화의 도도한 흐름을 읽지 못한 남성들의 맹점이 숨어 있다. 맞벌이를 선호하기 때문에 무책임하고 나약하다는 생각을 뒤집어보면 의외로 다른 결론에 도달한다. 남성이 모든 생산을 지배하는 가부장권력 사회에서 남성이 맞벌이를 원한다는 것은 여성과 함께 일자리를 나누어 갖겠다는 의지의 표현에 다름아니다. 수직과 독점의 사회에서 수평과 균점의 가치를 소중히하는 사회로 한 발 앞서 가겠다는 뜻이다. 어차피 한정된 일자리를 나누어 갖겠다는 것은 결과적으로 자신의 일자리를 잃어버릴 수도 있다는 의미를 포함한다. 이는 지금까지 유지해온 가부장으로서의 권력을 포기할 수도 있다는 선언이기도 하다. 남성만 가장의 고통스러운 멍에를 짊어져야 한다는 인식의 획기적인 전환이기도 하고, 여성도 얼마든지 가장이 될 수 있다는 평등적 남녀관계의 변화를 예고해주고 있는 것이다.

육아에 종사하는 남편의 등장과 남자파출부의 등장은 오히려 변화하는 우리 사회의 밝은 일면을 보여주고 있다. 슬기롭게 변화하는 우리 시대 젊은 남성들의 생각을 나이든 남성들이 간단히 폄훼해버리는 것은 곤란하다. 어머니의 휴대전화를 수용하지 못하는 아버지의 불만도 이러한 변화를 두려워하는 '늙은 남자'의 몽니가 아니었을까?

정작 중요한 것은, 이러한 온갖 편견과 비아냥에도 불구하고 미래는 변함없이 젊은 세대의 손으로 일구어지고 있다는 사실이다. 그리고 더 중요한 것은, 아버지의 끈질긴 몽니에도 불구하고 어머니의 휴대전화는 지금 이 순간에도 계속 쩌렁쩌렁 울리고 있다는 사실이다.

노인을 위한 문화는 없다

"앞으로 5~7년만 더 사세요. 곧 인체에 거부반응이 없는 돼지 장기의 대량 생산의 길이 열릴 것이고, 수명이 평균 30년 연장되는 세상에서 살게 될 겁니다."

이른바 '황우석 사태'가 벌어지기 몇 년 전 황우석 전 교수가 사석에서 내게 불쑥 던진 말이다. 그 말을 듣는 순간 그동안 생명보험회사의 자문에 응하고 있던 나의 뇌리를 전광석화처럼 스치고 지나가는 생각은 '이제 보험회사 연금보험은 다 망하겠구나!' 였다.

연금보험이란 사람의 평균수명을 '경험생명률표' 로 계상해 파는 상품이다. 보험회사들이 준비 없이 넋놓고 있다가는 다가오고 있는 '30년 생명연장' 이 미칠 역마진의 파장이 만만치 않을 것이라는 생각이 들었던 것이다. '황우석 사태' 의 후유증은 우리 사회에 여전히 남아 있지만, 기본적으로 미래사회에 대한 그의 인식에는 나 역시 동의하는 바다. 그만큼 이즈막 세상변화의 패턴은 쉽게 가늠하기 어려울 만큼 수직적이고 단절적이다. 그 변화의 물결 위에 오늘의 노인문제가 있다.

이미 우리나라는 65세 이상의 인구가 전체 인구대비 7.6%대로 진입한 고령화사회다. 환갑잔치에 가서 절하며 "오래 사셨습니다" 하던 덕담은 이미 악담이 된 지 오래다. 노인인구 14%대인 '고령사회' 를 목전에 두고 있다는 전망도 나오고 있다. 이런 상황에서 중요한 문제는 '얼만큼 더 사느냐' 가 아니라 '어떻게 사느냐' 다.

'어떻게 사느냐' 의 문제는 곧 노인문화의 문제이기도 하다. 사실 요즘 60대 이상 세대의 사회적·정치적 상실감은 시대변화의 속도와 무관하지 않다. 생물학적 활동능력과는 관련없이 전개되는 조기퇴직의 여파와 젊은 세대와의 단절감까지, 노인세대의 소외와 상실감은 정말 심각하다. 그러나 이들에게는 사회적 스트레스를 풀어버릴 마땅한 위안거리조차 없다. '10원짜리 고스톱' 으로 상징되는 노인정 문화가 쇠퇴하고 스포츠댄스, 서예, 영화감상에 이르기까지 노인들의 문화소비 욕구는 점차 늘어나는데 비해 마땅히 즐길 만한 노인 대상 문화프로그램은 거의 전무하다시피 한 것이 우리 사회의 현실이다.

무료한 노인들에게 가장 도움이 되어야 할 TV 역시 노인소외의 첨병일 뿐이다. 모든 것이 젊은층 취향으로 형성되어 있는 시장환경에서 노인세대는 문화생활에 있어서도 '뒷방 노인네'의 설움과 소외를 톡톡히 맛본다. 당연히 노인도 사랑하고 싶어하고 문화생활을 즐기고 싶어한다. 특히 현실로 다가온 고령사회에서 노인세대의 이러한 문화욕구는 전 세대가 외면할 수 없고 외면해서도 안 될 당면과제다.

몇 년 전 노년의 사랑과 성을 주제로 다루어 노인세대의 폭발적 인기를 모은 영화 〈죽어도 좋아〉를 팔순 넘은 나의 노부모님도 관람했다. 이는 새로운 문화시장 형성의 가능성을 의미한다. 이따금 세종문화회관이나 예술의전당 등에서 펼쳐지는 악극이나 뮤지컬 공연에 물밀듯 몰려드는 노년관객들은 오히려 노인문화 프로그램 부재의 현실을 방증한다.

TV제작자 및 모든 문화공간 운영자와 예술프로그램 공급자들의 현명한 안목과 새로운 시장개발 전략을 촉구해본다. 이제는 사회복지정책에 있어 노인복지의 개념도 '경제지원' 일색에서 '문화복지'로 차츰 전환해가야 하지 않을까? 노인도 사회구성원으로 함께 참여할 수 있는 수준높은 문화프로그램의 육성에 문화정책 당국자들의 적극적 관심을 주문해본다. 세대 간 문화적 소통을 통한 응집력이 곧 건강한 사회의 응집력이다.

나의 절친한 지인멤버 중 한 명이 한양대 정진곤 교수다. 교육학자인 그가 얼마 전 친목모임을 겸한 한라산 등반길에서 들려준 이야기는 자못 감동적이다. 교사 가장의 5남매 중 장남으로 태어나 시골에서 자라난 정 교수가 부친을 여의고 홀어머니와 동생들의 부양을 맡게 된 것은 스물일곱 살때부터다. 당시 그는 학교를 마치고 연구소에 재직 중이었다. 그 어려움 속에서도 다행스러웠던 것은 말썽꾸러기였던 손아래 남동생이 뒤늦게 지방대학을 나와 임업연구소에 임시직으로 취업했다는 것이었다. 아내와 함께 청운의 꿈을 안고 미국유학을 준비하던 그에게 갑작스런 가정형편의 변화는 이만저만한 고민거리가 아니었다. 그때 그에게 등떠밀듯 "걱정말고 다녀오라"며 용기를 불어넣어 준 사람이 바로 손아래 동생이었다. 정 교수 부부의 유학기간 5년 동안 남은 가족들은 지금 돈으로 100만 원 남짓한 동생의 월급으로 살았다. 그 남루함이야 어찌 이루 말할 수 있을까. 동생은 가장 싼 군것질거리인 '라면땅' 과자 한번 실컷 사 먹어 보지도 못하고 5년 세월 동안 정 교수네 두 부부가 이 땅에서 이름있는 교육학자로 우뚝 서는 것을 도왔고, 남은 가족을 지켰다. 정 교수는 이렇게 말했다.

"동생은 가족에 대한 사랑과 헌신으로 한 세상을 구원했다. 풍전등화처럼 위태로웠던 나의 가족들이 바로 한 세상이 아니고 무언가."

정 교수의 동생은 그 뒤 일본 문부성 장학금으로 일본에 유학하여 임학박사 학위를 받고 돌아왔다고 한다.

밝히고 싶지 않지만, 나의 아내는 몇 년 전 위암 판정으로 수술을 받았다. 당시 고등학생 아들과 중학생 딸의 공부에 지장을 준다며 아이들에게는 알리지 말라던 아내는 충격과 비탄 속에서도 마음을 비우며 주변을 정리하기 시작했다. 반항아인데다 말썽꾸러기인 딸아이는 엄마의 애달픈 속사정도 모른 채 늦잠과 지각을 밥먹듯 해 아내의 마음을 더욱 아프게 했다. 아내를 입원시키고 돌아온 날 나는 두 아이의 손을 꼭 잡고 말했다.

"늘 옆에 있을 때는 모르지만, 불행이 닥쳤을 때 가족이라는 존재의 절절함과 소중함을 알게 된단다. 가족의 이름으로 엄마를 꼭 지켜내자."

아빠의 호소에 눈이 퉁퉁 붓도록 엉엉 운 쪽은 딸아이였다. 그날 이후 아침마다 깨우지 않아도 일어나는 것은 물론 집안청소, 설거지, 엄마 병간호 등 딸아이의 놀라운 변화는 엄마의 조속한 쾌유를 도왔다. 우리 가족은 위기 앞에서 서로를 지켰다.

우리나라 사람들은 부자도, 가난한 이도 "행복한가?" 하고 물으면 그렇지 않다고 대답하는 쪽이 더 많다. 행복하지 않다는 사람의 속내를 파고 들어가면 십중팔구 가족공동체의 해체가 삶의 밑바닥에 자리잡고 있다. 경제협력개발기구(OECD) 회원국들 중 이혼율이 그렇게 높다는 미국을 제치고 한국이 '이혼율 세계 1위'라는 불명예 고지에 올라섰다. 수 백만 기러기 아빠들의 문제 또한 우리네 가족들을 비빌 데 없는 황량한 벌판으로 내몰았다. 가족을 잃어버린 사회가 심리적 공황상태에 빠져드는 것도 당연한 일이다. 가족의 끈으로부터 떨어져나간 불안한 개인들은 정치·사회·노사현장 등 모든 분야에서 활극의 주인공으로 재등장한다. 사회갈등과 반목의 뒤안길에는 항상 가족의 문제가 도사리고 있다.

곤궁하고 궁핍했던 옛날에는 오히려 사람들이 습관처럼 불행하다고 생각하지는 않았다. 정진곤 교수의 경우나 우리 가족의 경우처럼, 환란 속에서도 절망하지 않고 늘 행복하다고 생각하며 살아가는 것은 가족 간의 유대가 흔들림 없기 때문이다.

가족을 잃어버린 사회가 다시 그 소중한 이름을 되살리려는 듯 언젠가부터 TV에서는 가족 간의 처절한 이별과 애끓는 가족애를 다룬 드라마들을 쏟아내고 있다. 매번 가족드라마에 열화처럼 쏟아지는 시청자들의 반응은 이 시대 우리 모두를 위한 진정한 구원이 무엇인가에 대해 곰곰이 생각하게 한다. 가족공동체를 다시 살려내는 운동을 전개하자. 그리하여 '가족', 그 따뜻하고 소중한 이름으로 엉망진창이 된 이 세상을 구원하자.

문화의 손맛을 찾아서 | 이것도 가까운 지인이 들려준 얘기다. "이 세상에서 제일 맛있는 음식이 무엇인가?" 라고 사람들에게 물으면 별의별 대답이 다 나온다는 것이다. 곰발바닥

요리, 제비집 요리, 이탈리아 요리, 김치 등등 사람마다 각기 다른 답을
낸다는 얘기다. 하긴 각자의 경험 속에서 다양한 입맛을 축적하고 살다
보면 최고로 맛있는 음식의 정답이란 정말 찾기 힘들 것이다. 그런데
'세상에서 제일 맛있는 음식'이라는 질문에 움직일 수 없는 정답은 있
다는 것이다. 바로 어렸을 적 엄마가 해준 음식이다.

사람들은 어릴 적 음식맛에 길들여져 평생 그 맛을 찾으며 살아간
다. 어린 시절의 경험이 사람의 평생을 지배한다는 것은 현상학자 바슐
라르의 책에도 나온다. 바슐라르는 어린 시절에 맞닥뜨린 물, 불, 흙,
공기의 4원소가 생의 부의식 대부분을 지배한다고 역설한다.

이 말을 증명이라도 하듯 자연 속에서 자란 시인들의 시집을 읽어보
면 모두 자신들이 살던 고향마을의 인심 그리고 나무, 숲, 새, 물, 흙의
추억을 시작(詩作) 곳곳에 담고 있다. 도시로 나온 지 수십 년의 세월이
흘렀고 그만하면 세련된 도회감각도 완벽하게 익혔을 만한데 시어(詩語)
곳곳에 숨어 있는 '4원소의 꿈'은 날개를 접을 기색을 보이지 않는다.

초등학교 6학년까지 경기도 남양만의 바닷가에서 자란 나의 경우도
예외는 아닌 듯하다. 초등학교 4학년 시절 담임선생님은 낡은 교사 한
켠에 문학반을 만들고 독서지도를 하셨다. 선생님은 화창한 5월만 되
면 학과공부를 소홀히한다는 교장선생님의 질책에도 아랑곳않고 우리
를 산으로, 바닷가로 끌고 다니셨다. 지금도 잊을 수 없는 기억은, 선생
님이 바다가 보이는 언덕에 올라 "얘들아, 바람의 살결을 만져보자!"하

고 외치시던 것과 풀밭에 귀를 대고 "대지의 심장소리를 들어보자!"하고 주문하신 것이다. 그때 나는 비로소 이 세상이 내뿜고 있는 아름답고 찬란한 향기와 맞닥뜨렸다. 소금기가 배었지만 한없이 보드랍게 만져지던 바람의 살결에 대한 추억이 나로 하여금 문학에 대한 꿈을 간직하게 했다.

"너는 노벨문학상을 받을 거야."

언제나 당신 가슴에 나의 얼굴을 대고 글솜씨를 칭찬해주시던 선생님과의 추억이 없었다면 그리고 그때의 아름다운 바다와 산과 바람에 대한 문학적 감성훈련이 없었다면 나는 신춘문예를 통해 문단에 데뷔하는 일도 없었을 것이고, 아마 지금쯤 전혀 다른 인생의 항로를 걷고 있을 것이다.

순간이 영원을 지배한다. 특히 유년기의 체험은 사람의 일생을 결정한다. 그런데 1960~1970년대를 살아온 우리네 중장년층들은 유년기에 문화적 감성과 교감할 기회가 거의 없었다. 나처럼 선생님을 잘 만난 경우는 아주 특별한 예일 뿐이다. 문화적 가치보다 물질적 가치를 우선으로 하는 시대에 교육받고 자라온 오늘날의 기성세대가 수용하는 문화의 범위란 극히 한정적이고 조악할 수밖에 없다. 여타의 문화선진국들보다 책이 안 팔리고, 수준높은 예술작품들이 대중 속으로 저변확대되지 못하는 이면에는 바로 이 같은 문화사회학적 환경이 자리잡고 있다.

거리가 온통 예술작품 투성이인 서구의 문화선진국에서 어린 시절을 보낸 사람들과, 전쟁과 기아, 국가재건과 경제성장의 격동 속에서 자라난 우리의 문화적 감수성과 소양이 다른 것은 너무나 당연하다. 따라서 기성세대에게 높은 문화의식을 갖게 해주려는 노력은 사회적으로 이루어져야 한다. 그러나 무엇보다 중요한 것은, 인생에서 가장 감수성이 예민한 어린 세대들이 문화적 충격과 상시적으로 맞닥뜨릴 수 있도록 수준높은 문화교육 프로그램을 마련하여 궁극적으로 차세대 문화시민을 육성하는 길일 것이다.

어린 시절에 먹었던 어머니의 손맛을 평생 찾아 헤매듯 이 삭막한 세상의 한켠에서 변함없이 내뿜고 있는 문화예술의 아름다움과 조우할 수 있는 기회를 우리의 아이들에게 만들어주는 것도 우리 모두의 의무다.

끝나지 않은 어머니의 이야기 | 행정구역 상으로는 경기도 화성군 서신면 용두리 95번지. 남양만의 바닷바람을 피해 삼태기처럼 생긴 야트막한 산 한가운데 몸을 숨긴 내 고향의 옛집은 아직도 그 옛날의 모습 거의 그대로다. 할아버지가 뒷동산의 조선솔로 대들보며 서까래, 기둥을 켜서 지으셨다는 그 집은 100여년의 가까운 풍상을 잘도 견디어왔다. 더 솔직히 말하면, 스스로 견디어 왔다기보다 그 집과 얽힌 저린 가족사의 한 편린을 소중하게 간직하고 싶은 나의 열망이 끊임없이 쓰러져가는 그 집을 지켜왔다는 쪽이 더 옳다.

나는 이 집에서 태어났지만 교사이신 아버지를 따라 서울로 갔다가 다시 내려와 초등학교 3학년 시절부터 6학년까지 그곳 초등학교를 다녔다. 지금은 서울에서 한 시간 거리의 관광명소로 변했지만 옛날만 해도 우리 마을은 바닷가 오지 중 하나였다. 전기불은 물론 들어오지 않았고, 육로수송 또한 발달되지 않아 집 앞의 작은 포구 왕모대를 통해 송충이 먹은 소나무 목재를 인천으로 운반하곤 했다.

학교까지는 5리 정도인데, 가는 길은 풀이 듬성듬성 자라난 그야말로 고샅길이었다. 거기에 학교 가까이에서 고개 하나를 넘어야 했는데, 넘기 힘들다 하여 이름하여 '느릿재 고개'였다.

고개에 얽힌 얘기는 지면이 모자라 못 옮겨놓을 정도다. 문둥이가 나타나 여자아이의 간을 빼먹었다느니, 천 년 묵은 여우가 산다느니, 처녀귀신에 건장한 마을장정이 혼을 빼앗겼다느니 등이 대표적 사연인걸 보면 거의 다른 지역에서 구전되던 고개사연과 엇비슷하다.

해운산(海雲山)은 남양반도의 맨 끄트머리에 언제나 새털구름 모자를 쓰고 있어 붙여진 이름인데, 그 산줄기 무성한 솔밭 아래 내가 다닌 해운초등학교가 백화를 만발하며 둥지를 틀고 있다. 지금도 경기도에서 가장 아름다운 학교 중 하나로 꼽힌다는 그 학교 교정에는 오래된 목백일홍 한 그루가 온통 붉은 꽃을 피운다. 고향의 옛집에 얽힌 추억으로 가는 통로에는 늘 이 학교가 서 있다.

우리 가족은 그 시절 학교선생님을 하시던 아버지의 일시 낙향으로 가장 힘든 시기를 보내고 있었다. 6·25때 바로 그 집에 사시다가 인민군에 잡혀가 한 많은 죽임을 당하신 할아버지가 물려준 수 만 평의 땅을 "할아버지가 맡겨놓은 땅"이라며 한 평도 팔수 없다시던 나의 아버지. 그 아버지와 더불어 가족 모두가 경제적 궁핍을 당하던 시절이었다. 보릿고개면 영낙없이 보리밥 일색으로 변해가는 도시락은 부잣집 아들 (?)로서의 나의 자존심을 먹칠했다. 늘 오르던 달걀부침까지 빠지는 날이면 나의 불만과 투정은 어머니에게 폭발했다. 허리가 휘어지도록 힘든 농사 뒷바라지를 마치고 매일같이 가마솥에 일꾼 밥까지 해대던 어머니는 그때마다 우리집의 어려운 사정을 설명하고 이해해달라고 하셨지만, 나의 몽니는 그야말로 막무가내였다. 내가 지금도 잘 보존하고 있는 뒤란 장독대는 어머니가 홀로 설움에 복받쳐 우시던 곳이다.

6학년으로 올라간 나는 어머니의 권유로 학교앞 선생님댁에서 늦은 밤까지 과외공부를 했다. 밤늦도록 과외공부를 하고 돌아오던 길, 나는 장정들도 밤에는 무서워 넘지 못한다는 느릿재 고개 초입에서 등골이 오싹하는 공포감에 매일 떨었다. 그때마다 칠흑같은 밤 저편에는 언제나 희미한 등불 하나를 밝히며 다가오시던 어머니가 있었다.

'아들아~' '엄마~' 아버지가 육아(育兒) 같은 하찮은 일은 어머니에게 맡기고 무책임하게 잠든 밤, 밤이슬에 바지고쟁이를 적시며 혈혈단신 그 무서운 고갯길을 넘어오신 어머니를 통해 나는 버려진 세상으로부터 구원을 받았다. 이따금 매몰찬 바람에 등불이 꺼지면 등피 속으로 성냥불을 연신 집어넣으시던 어머니는 나의 두려움을 씻어주려고 끊임없이 이야기를 해주셨다.

어머니의 이야기는 고향의 옛집 대문 앞에 와서야 끝나곤 했는데, 독서를 많이 하신 우리 어머니의 이야기 주제는 주로 역사 속의 위인들이었다. 지금 와서 생각해보면, 어머니의 이야기는 삼국사기나 삼국유사, 박종화의 한국사 등에서 발췌한 것들이었는데 여기에다 당신의 상상력까지 그럴싸하게 보태시던 솜씨가 보통은 아니었다. 곤궁하고 어려웠던 유년시절이었지만 고향의 옛집에서 보낸 몇 년을 지금도 잊지 못하는 것은 아마 그런 이유에서일 것이다.

바닷바람과 맑은 햇살 사이로 지저귀는 종달새 울음, 날 저물기 전에 동네어귀를 부리나케 빠져나가는 어리장수의 엿가위소리, 뒷동산의 솔바람, 이려~ 이려~ 하며 쟁기 끄는 황소를 몰아가는 동네일꾼들의 분주한 모습들, 명절 때마다 두레패가 꾸며내는 흥겨운 놀이판…… 이 모든 것들이 내 저린 유년의 추억 속에 고스란이 살아숨쉬는 고향의 옛집…….

지금도 나는 그 고단한 세월 속에서도 항상 책을 읽으시던 어머니의 뜻을 기리기 위해 ‘책 읽는 집, 옥란재’(玉蘭은 어머니의 아호다)라고 명명한 그 고향의 옛집에서 거의 살다시피 한다. 할아버지가 아버지에게 맡겨 놓으셨다가 지금은 ‘아버지가 내게 맡겨놓으신 이 집의 사연에 대해 아들과 딸은 잘 모른다.

시간이 지나면, 어려울 때일수록 어머니와의 소중한 추억이 밀계(密

契)처럼 돋아나 고단한 내 삶 속에 힘을 보태주고 하는 사연들에 대해서 나의 아들딸에게 말해줄 것이다. 아주 작고 사소한 것들로부터도 우리의 생명은 용솟음친다. 알고 보면 우리 모두 그런 것들의 힘으로 살아가고 있다고.

잘려나간 장발, 잘려나간 사랑 | 1975년의 젊은이들에게 가장 인기있었던 영화는 기억하건대 최인호 원작, 하길종 감독의 〈바보들의 행진〉이 아니었나 싶다. 유신 치하의 암울했던 1970년대 대학가 풍속도를 영화로 만든 이 작품은 그 시절 젊은이들의 설방과 좌절을 다룬다. 부잣집 외아들인 병태는 친구 영철이 연인과 헤어지고 동해바다로 가서 자살해버리자 군에 입대한다. 장발 단속에 쫓겨 이리저리 피해 다니던 그였지만 영화의 하일라이트라 할 수 있는 입영열차가 떠나는 마지막 장면에서는 빡빡머리다. 바로 그 순간 헤어졌던 연인 영자가 어디선가 나타나 차창에 매달린 채 병태에게 입맞춤을 한다.

'가을잎 찬바람에 흩어져 날리면……' 으로 시작되는 김정호의 영화음악 〈날이 갈수록〉이 유행하던 그해 가을 9월 28일, 나도 경기 오산역에서 입영열차를 탔다. 학적변동자로 분류되어 갑작스럽게 영장을 받고 불과 2개월 만에 벌어진 일이었으니 그 당혹스러운 심경이야 어찌말로 다 표현할 수 있으랴.

영화 속 주인공처럼 청바지에 허름한 남방셔츠, 그리고 긴 장발을 늘어뜨린 우리 '장정'(당시에는 입영대상자를 이렇게 불렀다)들이 집결한 곳은 오산역 부근의 한 중학교 운동장이었다. 암울했던 그 시대의 분위기를 상징하듯 입대하는 내 또래들의 낯빛은 어둡다 못해 비장한 모습이었다. 왠지 모를 슬픔에 눈물이 나는 것을 참으며 나 역시 아끼던 장발을 운동장 한쪽에서 빡빡 밀어버려야 했다. 더욱 슬펐던 것은 머리 깎인 허탈감과 상실감보다 여자친구 M이 나타나지 않은 것이었다. 친구, 친지들의 위로와 끊임없는 격려를 받으며 바짝 군기잡힌 어벙벙한 장정이 되어 역사까지 행군하는 동안에도 그녀는 내 옆에 없었다.

'하늘엔 조각구름 무정한 세월이여

꽃잎이 떨어지니 젊음도 곧 가겠지

머물 수 없는 시절 우리들의 시절……'

영화 속 주제가처럼 '한때 그리도 빛나던 나의 젊음'은 군기와 규율로 가득찬 입영열차 속에서 스러지고 있었다. 그때 거짓말처럼 M이 친구와 함께 나타났다.

"서울서 오다가 열차가 연착되었어."

헐레벌떡 변명을 늘어놓더니 환한 얼굴로 "잘 가~" 하는 것이 아닌가! 영화 속 영자처럼은 아니더라도 필시 펑펑 울어줄 것이라는 나의 기대를 저버리는 엔딩이었다. 그 허전한 마음이라니……. 영화도, 노래도, 젊음도, 입영열차도…… 허전한 것이라면 도무지 참지 못하던 그런 시절이 있었다.

4장

이야기가 미래가 된다

"튼튼하고 안전하게 만드는 것은 기본이다. 이 기본 위에 감성의 날개를 달아 멋진 자동차를 만들어야 한다."

독일 아우디자동차 빈터곤 회장의 취임 일성이다. 이제 '안전한 차'는 너무나 당연한 기본이므로 아우디는 의식적인 우선순위를 '아름다운 차'에 두겠다는 의미다.

기능과 품질은 산업화 패러다임의 덕목이다. 정보화·감성화 패러다임에서는 기능과 품질이라는 '기본' 위에 '멋'과 '이야기'라는 궁극의 덕목을 의식적으로 추가해야 한다.

다시
흰 와이셔츠가 그립다

와이셔츠 한 벌을 사기 위해 백화점에 들렀다가 떠오른 생각 한 토막. 예전 같으면 와이셔츠의 주종이 단연 흰 와이셔츠다. 그러나 지금은 주종이 완전히 뒤바뀌었다. 흰 와이셔츠 대신 형형색색의 컬러 와이셔츠가 손님들의 눈길을 끌고 있다. 과거 그자리에서 영화를 누리던 흰 와이셔츠는 언제부터인가 슬그머니 판매대 한쪽 귀퉁이로 밀려나버렸다. 그 모습을 보는 순간 퍼뜩 뇌리를 치는 생각이 있었다.

'아, 흰 와이셔츠가 이성과 합리주의의 시대를 상징한다면 컬러 와이셔츠는 창의적 감각과 감성주의 시대를 상징하는구나!'

이성과 합리주의 시대는 가고 감각과 감성을 중시하는 시대가 도래했음을 와이셔츠가 말해주고 있는 것이 아닐까?

요즘 텔레비전을 보면 대통령도 흰 와이셔츠는 잘 안 입는 듯하다.

어떤 회사의 사장이 직원들을 모아놓고 컬러 와이셔츠 입기를 권장하는 내용이 TV뉴스에 나오는 세상이 되었다. 감성과 감각이 요구되는 시대에 걸맞는 유연한 사고를 위해 컬러 와이셔츠를 입으라는 것이다.

아무튼 요즈음 대한민국 남성들은 와이셔츠를 통해서라도 튀어보려고 야단이다. 평생 흰 와이셔츠만 입고 백색적(?) 사고로 살아온 세대들도 시대변화에 재빨리 적응하려는 듯 컬러 와이셔츠로 서둘러 갈아입고 있다. 그야말로 컬러풀한 세상이 됐다. 그러나 그때 다시 뒤통수를 치며 떠오르는 의문점 하나. 배 한쪽에 구멍이 뚫려 물이 들어올 때 이를 피하려고 사람들이 한쪽으로만 몰려가면 배는 균형을 잃고 전복된다. 세상이 온통 컬러풀한 쪽으로만 달려간다면?

백화점 판매대 한쪽 귀퉁이로 밀려난 우리의 가련한 흰 와이셔츠……. 흰색은 컬러의 바탕이 되는 기본색이다. 흰색이 있어야 그에 대비되어 모든 색상도 튈 수 있다. 흰 와이셔츠가 상징하는 것이야말로 이 사회의 가장 기본적이고 본질적인 가치가 아닐까? 이성과 합리주의라는 본질의 바탕 위에 창의적 감각과 감성의 꽃을 피워야 사회도 균형있게 조화발전할 수 있는 건 아닐까?

그런데 현실은 컬러풀한 세상의 변화에 맞추어 흰 와이셔츠의 소중한 가치를 냉대하고 있다. 오늘날의 문화양상 또한 다양한 색채의 변용만 거듭해나가고 있다. 그야말로 '문화컬러 시대'를 우리는 살고 있다. 잔잔한 감동과 아름다움이라는 문화의 본질적 가치, 즉 서정주의를 더욱 소중히하자는 외침은 어디에서도 들리지 않는다. 너도 나도 컬러풀한 문화의 세태를 좇는 동안 흰 와이셔츠의 운명처럼 우리의 서정주의는 지나간 시대의 퇴물이 되어 판매대의 한 귀퉁이를 그저 쓸쓸하게 지키고 있다.

창의성과 그 부가가치의 중요성에 주목하는 세태에 상대적으로 존재가치가 높아진 신지식인 물결…… 갑자기 처량한 신세로 전락해버린 인문학의 처지…… 문화산업, 문화관광의 중차대성에 가려 세간의 관심 밖으로 밀려난 듯 보이는 이 시대 순수문화예술의 운명도 그와 다름아니다. 다시 흰 와이셔츠가 그리운 시절이다.

얼리버드만 새냐 | 서양에는 '아침에 일찍 일어나는 새가 먹이를 얻는다(The early bird catches the worm)' 라는 격언이 있다. 정말 아침에 일찍 일어나는 얼리버드만 생산성이 높을까? 물론 주행성 새들끼리의 먹이경쟁에서는 얼리버드의 생산성이 단연 돋보일 것이다. 그러나 자연에서는 주행성 새들만 경쟁하며 살아가고 있는 것이 아니다. 야행성 새들도 수두룩하다. 올빼미를 비롯해서 소쩍새, 부엉이, 두견새도 모두 야행성에 속한다.

밤에 활동해야 생산성이 더 높은 야행성 새들처럼 밤에 잠 안 자고 열심히 활동하는 사람들도 얼마든지 생산성을 낼 수 있다. 얼리버드가 농경사회·산업사회를 압축해서 살아온 사람들에게는 중요한 모델이었지만, 정보화시대를 가로질러 이야기산업의 시대를 살고 있는 지금은 아침부터 일하는 사람 못지않게 밤새도록 놀며 상상하는 사람도 고부가가치를 내는 생산활동을 하고 있다. 작가, 게임개발자, 만화가, 작곡자들이 대체로 이런 부류에 속한다. 부모의 속만 태우던 게임중독 소년이 어느날 기발한 게임콘텐트를 개발해 어엿한 벤처사업가가 되는가 하면 수출로 국부에도 기여하는 사례는 주변에 많다. 놀면서 상상하는 사람들이 디지털 콘텐츠와 결합해내는 생산성이 국가의 핵심동력이 되는 세상에서 우리는 살고 있다.

2002년부터 2005년까지 일리버드가 이끄는 우리나라의 국내총생산(GDP) 성장률은 4.5%였다. 그런데 같은 기간 동안 올빼미족이 주력인 이야기산업의 성장률은 9.8%로 GDP성장률의 두 배가 넘었다. 같은 시기 중국의 GDP는 8.9%, 중국의 이야기산업 성장률은 26.5%로 세 배에 육박한다. 이처럼 한때 소비의 측면으로만 치부했던 놀이의 영역이 어느새 경제의 중심이 되어 새로운 성장동력이 되고 있다. 이야기산업과 서비스경제의 확대가 선진산업구조로 가는 지름길이 되었음은 선진국들의 경제구조를 보아도 쉽게 알 수 있다. 이제는 '미래를 향해 나아가자' 라는 말도 쏜살같이 달려와 머리를 스치고 지나가는 미래 앞에서 정작 무색해졌다.

이렇게 다원화된 세상 한가운데서 탄생하고 자라난 신인류가 바로 요즘의 20~30대다. 물론 이 중에는 얼리버드도 있지만 밤을 꼬박 밝히는 올빼미족들도 적지 않다. 열심히 일하는 것은 선이고 노는 것은 악인 이분법적 가치관에 길들여진 구인류의 시각으로 볼 때는 마음에 안 드는 것 투성이다. 음식점에 가거나 커피숍에 가도 이들은 특이하게도 오랜 인류학적 관습인 '밀실 선호'나 '구석자리 선호'를 버리고 한가운데 자리나 쇼윈도우 복판을 차지하고 앉는다. 자아의 발현욕구가 강하고 감춤도 없으며 매사에 당당하다. 놀이하듯 일하기를 원하는 이들은 급여보다 자아실현을 위한 직장을 선호한다.

다원적 가치를 추구하는 신인류의 특성은 구인류의 전용공간이었던 단관 영화관을 망하게 하고 멀티플렉스 영화관을 탄생시켰다. 신인류의 이러한 진화와 관련하여 정치·경제·사회·문화의 모든 영역에서 다양성에 기초한 가치관들이 성장하고 있다. '잘' 노는 방법을 몰라 '막' 놀 수밖에 없었던 구인류와 달리 이들은 재미있고 즐거운 것들이 너무나 많은 세상임에도 여전히 폭발적인 문화적 욕구를 호소하고 있다. 이들 세대는 이야기산업뿐만 아니라 일반 제조업도 브랜드라는 '이야기'를 담아야만 생존할 수 있는 시대를 열었다. 스포츠도 당당한 경제의 영역으로 깊숙이 끌어들였다. 고전적 경제학이론인 노동·자본·토지라는 '생산의 3요소'만으로는 설명할 수 없는 역동적인 새 세상을 만들어냈다.

2008년 초 모든 세대가 참여했다는 '촛불집회'의 중심에 바로 이들 20, 30대가 있다. 경제 외의 다른 가치는 모른 채 오직 '4만 달러 국민성공시대'를 열겠다는 구호만 반복하는 얼리버드식 사고의 구인류는 지금 불행하게도 촛불 든 야행성 신인류의 감각과 세계관 앞에서 소통의 곤란을 겪고 있다. '국민건강'이라는 작지만 큰 신인류의 근심으로 촉발된 거대한 직접행동을 '친북·경제불만세력의 책동' 정도로 치부하고, 정신과 도덕의 문제보다는 토목공사 등의 시대착오적 물질몰입 정책으로 밀어붙이다가 맞이한 사태다.

얼리버드가 절대적 선이라고 판단해서는 안 된다. 한밤중에도 먹이활동을 잘하는 새들이 부지기수라는 것을 인정해야 난국을 푸는 해법도 보이지 않을까? 이제부터라도 구세대는 하루속히 신인류와 소통하는 방법을 강구하라. 얼리버드만 새냐, 올빼미도 새다.

메시아는 없다?! | 당장 한 치 앞을 알 수 없었던 인류에게 지진, 해일, 홍수, 천둥, 번개 등의 천재지변은 늘 공포의 대상이었다. 더구나 약육강식의 사회논리가 노골적으로 관철되던 고대사회에서는 인간의 삶이 더욱 황폐할 수밖에 없었다. 지배·피지배의 서슬이 날카로울수록 핍박받는 대다수의 대중은 압제의 사슬로부터 구원을 갈망한다. 그래서 인류는 오랫동안 초자연적 존재의 힘을 과장해서 만들어냈고, 그 힘 뒤에 숨었다. 불안하니까.

불안한 시절일수록 메시아가 와서 일거에 모든 불행을 씻어내줄 것이라는 믿음은 더욱 커지게 마련이다. 메소포타미아의 우르를 떠나 이리저리 방황했던 유대인들이 역경을 만날 때마다 고대했던 존재도 바로 메시아다.

메시아를 고대하는 열망이 극점에 달하면 실제로 메시아가 출현하게 마련이다. 역사를 통틀어 정말 많은 자천, 타천의 메시아가 핍박과 환난으로부터 민중을 구원하기 위해 이 세상에 왔다. 예수도 그들 중의 한 사람이다. 사람들의 열망 속에서 출현한 메시아는 군중의 열렬한 환영을 받았다. 그러나 그러한 환영은 전지전능한 힘으로 세상의 모든 악과 불행을 쓸어내줄 것이라는 군중의 철석같은 믿음이 존재하는 순간까지만이다. 더 큰 구원의 의미를 모른 채 군중은 '호산나!'의 환호를 이내 '십자가에 못박아 죽여라!'라는 고함으로 바꾸고 메시아를 버린다. 이 '메시아 필사(必死)의 법칙'은 역사상의 다른 메시아들에게도 공히 적용된다.

15세기 이탈리아 피렌체공국의 사보나롤라 역시 혼돈의 시기에 출현했던 메시아(?) 중 한 사람이다. 신의 소명을 받았다는 이 신부는 프랑스의 침입으로 심리적 공황상태에 빠진 피렌체 시민들의 마음을 신비한 예언과 뜬구름 같은 구원론으로 장악한다. 그의 말이 곧 무소불위의 권력이었지만, 종교적 신비주의에 기댄 집단적 최면상태는 그로부터 불과 3년이 못 되어 붕괴된다. 사보나롤라는 자신을 구원자로 떠받들던 시민들의 손에 의해 화형장의 이슬이 된다.

청조 말 태평천국의 난을 이끌었던 홍수전(洪秀全) 역시 도탄에 빠진 중국을 구원할 메시아로 역사에 등장했던 인물이다. 일거에 백성들을 질곡의 삶에서 구원할 것이라며 '예수 동생'을 자처한 이 메시아는 짧은 부귀영화를 끝으로 그를 따르던 추종자들의 손에 잡혀 죽임을 당한다.

한반도의 후삼국시대에 '미륵불의 화신'을 자처한 궁예 또한 당시 혼돈의 시대를 말끔하게 정리해줄 구세주로 등장했지만 결국 자신을 미륵불로 찬양하던 백성들에게 맞아 죽고 만다. 재미있는 것은, 메시아의 출현이 메시아를 자처하는 자의 자기환상에도 기인하지만 시대적 희생제의(祭儀)를 원하는 동시대인들의 필요에 의해서도 만들어진다는 점이다.

2008년 새정부의 출범도 사실 '경제 메시아'의 이미지에 힘입은 바 크다. 지난 정부의 실정, 특히 경제정책의 난맥상에 크게 실망한 민중이 찾아낸 메시아가 오늘의 새정부다. 2007년 대선 당시 등장한 '연 7% 성장, 1인당국민소득 4만 달러, 국민성공시대'라는 일련의 캐치프레이즈는 일거에 모든 국민을 장밋빛 희망에 들뜨게 했고, 현실적으로도 '구세주 효과'에 의해 경제가 금방 좋아질 것처럼 보였다.

그러나 새정부 출범과 동시에 닥쳐온 고유가와 국제 곡물가격 급등, 이어서 찾아온 미국발 금융위기 등 세계 경제여건의 악화는 구세주 효과라는 심리적 처방만으로 대처해내기에는 너무 거대한 환란이었다. 특히 집권초기부터 시작된 신임대통령의 지지율 급락은 다른 무엇보다 대선 당시 형성된 '경제대통령'에 대한 지나친 기대감이 사라졌다는 것을 의미한다.

그러나 한편으로 우리 모두가 공모해 만든 경제메시아를 이내 희생제물로 삼으려는 사디즘적 집단광기가 도사리고 있는 것은 아닌지 문득 자문해볼 일이다. 애시당초 메시아는 없다. 모두가 함께 합리적으로 머리를 맞대고 난국을 헤쳐나가야 한다는 운명과 의무가 있을 뿐이다.

쇼를 하라, 쇼! 재미없는 세상에서 살기를 원하는 사람은 없을 것이다. 그래서 문명을 건설한 이래 인간은 끊임없이 '쇼'를 만들고 쇼를 소비해왔다. 재미를 소비해야 하는 숙명을 가진 인류는 또한 쇼의 품질을 끊임없이 향상시켜왔다. 원시적인 춤동작에서 연극·뮤지컬·드라마·영화로까지 진화한 쇼의 해부학적 실체는 한마디로 '허구의 조합'이다.

역설적인 것은, 이 거짓들인 허구가 모여서 멀쩡한 사람들을 울리고 웃긴다는 사실이다. 잘 만들어진 영화 한 편이 통계와 합리성을 무기로 한 그 어떤 설득보다 설득력이 있다는 것을 누구나 한 번쯤 절감해보았을 터다. 어디 연극·영화뿐이랴. 정치판의 쇼가 만들어낸 감동적인 메시지도 국민을 휘어잡는다. 그러나 쇼의 설득력이란 것도 정교하게 '잘' 만들어져야 한다는 전제가 만족되었을 때의 이야기다.

쇼를 잘 만들어내던 정치가로는 조선조의 정조만 한 인물도 없을 것이다. 수원 화성행차는 당시로서는 보기 드문 구경거리였을 것이다. 특히 정조의 어가행렬이 지지부진했다고 해서 이름이 유래된 '지지대 고개'에서의 빅쇼는 이벤트의 하일라이트였을 것이다. 지금은 빼곡한 건물 때문에 당시의 지형을 찾아볼 수 없지만, 나지막한 구릉지대를 사이에 끼고 지나가는 이 고개에서 펼쳐진 화려한 구경거리를 백성들이 놓칠 리 없었을 것이다. 구름처럼 운집한 백성들을 본 정조는 특유의 정치감각으로 이를 활용했다. 직적접인 지지기반을 구축하고 개혁적 왕권을 강화하고자 한 그였다. "멈춰라!"를 반복하며 저멀리 사도세자의 능이 있는 화산을 향해 효심의 낙루를 떨어뜨리는 군주의 쇼맨십 앞에서 도열한 백성들은 비장한 전율을 맛보았을 것이다.

정조는 매스미디어가 발달하지 않았던 그 시대에 이미 '구전(口傳)마케팅'의 원리를 꿰뚫고 있었던 탁월한 리더였다. 임금이 가마에서 내려 거듭 울고 또 절하는 모습을 본 민초들의 심정은 어떠했을까! 적절한 가설일지는 모르겠지만, 유교사회에서 '효(孝)'의 끝간 데는 아마도 '충(忠)'일 것이다. 만백성은 군주의 지극한 효심 앞에서 절로 우러나는 충성을 굳건히 했을 것이다. 민심이 움직이는 것을 눈으로 확인한 권신들이 감히 딴마음을 먹는다는 것은 어불성설이다. 소수파의 추대로 임금이 된 사람으로서 불안한 권력을 공고히하기 위해 손수 펼쳤던 이 빅쇼는 총 66회에 이르는 화성행차에서 계속 재연되었다. 수 천의 인마가 동원된 행차의 비용은 비쌌겠지만, 이 쇼를 통해 잠재적 적대세력인 벽파(僻派)의 기득권 세력도 슬그머니 무릎을 꿇었다.

노무현 전 대통령은 "이미지나 쇼로 국민을 움직이게 만드는 것은 민주주의사회에서 주권자들에 대한 모독"이라고 말한 바 있다. 그는 "민생현장에서 (대통령이 행차하여) 전시행정을 펼치는 것은 제왕처럼 행세하려는 위선"이라고까지 단언했다. 대선 때는 쇼에 가까운, 잘 만들어진 광고 '노무현의 눈물'로 톡톡히 재미를 본 그로서는 아이러니컬하게도 임기 중 쇼의 정치사회학적 의미를 완강히 거부했다.

"사진만 찍기 위해 미국에 가지 않겠다"고 선언했던 그의 솔직한 진정성은 '사진만 찍고 온' 저간의 통치자들보다 오히려 국가안보에 대한 국민의 불안감을 더욱 증폭시켰다. 결과적으로 민심이 진정 바랐던 것은 비록 사진만 찍고 오는 한이 있더라도 미국 대통령과 함께 한반도의 안보를 논의하는 국가지도자로서의 의젓한 '쇼'였다.

새정부의 신임대통령 역시 그런 의미에서 많은 이들의 우려를 한 몸에 받고 있다. 선거 때 조직적 지원과 지지를 보내준 특정 종교지도자들 모임과 대학동문행사에 당선 직후 두 번씩 찾아가 사례하는 모습은 세간의 관점으로는 왠지 잘못 만들어진 드라마 같다. 이왕이면 방송통신대 동문회를 찾아가 "나를 대통령으로 만들어 준 힘은 바쁜 사회생활 속에서도 잃지 않았던 배움에 대한 열망이었다"라고 말했다면 어땠을까?

쇼를 하라, 쇼! 사람들은 쇼에 울고 웃는다. 잘 만들어진 통치자의 쇼는 국민을 즐겁고 행복하게 한다.

'물'이 만드는 꿈과 권력 | 이 글은 한반도 운하에 관한 찬반을 다루는 글이 아니다. 그냥 나의 엉뚱한 추론을 재미있게 전개해본 것이니 결론이 어찌됐든 찬반 양진영은 크게 경계하거나 긴장할 필요가 없다. 나의 관심사는 오로지 '물'이라는 세상의 중심물질이 어떻게 생명과 권력의 순환주기 아래서 자리를 잡고 흥망성쇠를 거듭해왔는가 하는 문제에 있다.

시구라는 행성에 생명이 거하기 시작한 것은 순전히 물 덕분이다. 물에서 나온 생명체임을 증명하듯 인체의 70%는 물이다. 인간은 태어날 때도 어머니의 자궁 안 양수 속에서 10개월을 머물다 나온다. 그래서 사람들은 물만 보면 이유모를 평화와 안락감을 느끼나보다. 호수·바다·강·시내는 때론 포악한 일면도 있지만 일반적으로 어머니의 뱃속과 같은 풍요와 나른함, 안식과 생명의 이미지를 연상시킨다.

철학자 바슐라르는 물에서 '대지의 참다운 눈'을 발견하고 몽상했다. 복잡다양한 성질을 가진 물은 오랫동안 사람들의 감성을 사로잡아왔다. 물을 주제로 창작된 수많은 그림과 음악, 박수근 화백의 〈빨래터〉가 그토록 비싼값에 팔리는 것을 보면 상상력의 원천으로서 물의 무한한 속성은 끝없는 듯 보인다. 물이 보이는 한강변 조망 좋은 아파트나 호수도시의 집값이 비싸지는 것이나 틈만 나면 물가로 달려나가려는 도시민의 주말충동도 공연한 것은 아닐 것이다.

그래서 그런지 인류 최초의 문명들도 모두 물가에서 시작됐다. 황하·메소포타미아·나일·인더스 문명이 모두 큰 강가에서 시작되었는데, 당시의 사람들은 물의 '생산적 측면'을 중시했다. 경관의 아름다움보다는 홍수를 막고 수확량을 늘리는 문제가 생존의 관건이었던 것이다. 제방을 쌓고 물길을 트거나 돌리는 일에 생사가 직결된 이 시대에는 물줄기를 잘 다스리는 자가 민중의 신망과 권력을 얻었다. 신농·복희·황제 등 고대 중국의 권력자들의 전직은 모두 치수관(治水官)이었다. 이렇듯 역사적으로 물에서 권력이 나지만, 재정을 고려하지 않고 끊임없이 운하를 파댄 수(隋)나라 양제는 물로 망하기도 했다.

그리고 한 시대가 쏜살같이 흘러갔다. 농사가 생산의 중심이 되던 사회는 가고, 정보와 문화가 모든 것에 앞서는 시대와 만나면서 물은 다시 새로운 관점의 권력탄생을 준비했다. 썩었던 청계천에 맑고 고운 물이 흐르자 도심의 되찾은 물가로 몰려든 사람들은 환호하기 시작

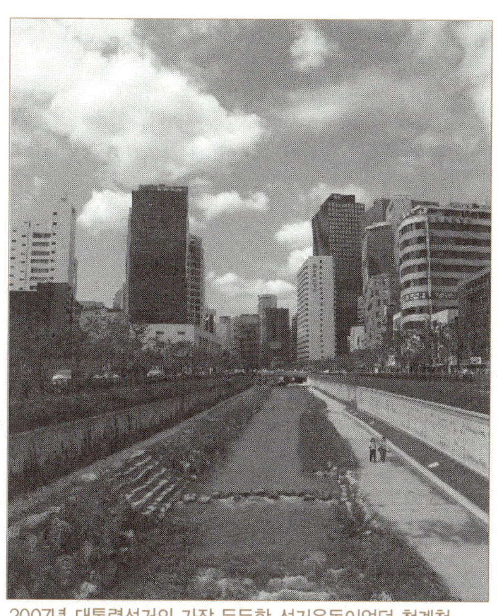

2007년 대통령선거의 가장 든든한 선거운동이었던 청계천.

했다. 고도성장의 그늘 속에 잊혀졌던 생명의 근원을 황량한 도시 한복판에서 만끽한 시민들의 열광은 새 정권의 탄생으로 이어졌다. 생산적 측면에서만 각광받던 물이 다시 인간의 내재된 미적 가치와 만나며 타고난 속성대로 또다른 권력을 만들어낸 것이다.

그런 측면에서 '한반도 대운하'는 새로운 권력의 지속성을 보장해주는 매력적인 상품이 될 것이 분명하다. 찬성론자들이 내세우는 '획기적인 물류개선 효과' 등은 사실 반대론자들의 주장대로 경운기 속력의 효용성 정도밖에 현실화되지 못할 것처럼 보인다. 그러나 모든 국민이 배를 타고 운하를 여행하는 순간 상황은 백팔십 도 역전될 확률이 높다.

땅에서 강을 보는 사람들은 물에서 바라보는 조국산하의 아름다움과 미적 가치를 이해할 수 없다. 운하를 오가며 물 위에서 거꾸로 바라본 아름다운 땅과 산하의 기억은 국민의 상상력을 자극하고 미에 대한 관심과 꿈의 질을 한결 높여줄 것이다. '물의 꿈'은 더 많은 예술가와 철학자를 잉태시킬 것이고, 상상력의 외연이 더욱 넓어진 사람들이 가꾼 아름다운 마을, 아름다운 강산이 새로운 관광자원이 되는 일도 일어날 것이다. 물론 환경오염에 충분히 대비해 운하가 만들어진다는 것을 전제로 했을 때의 얘기다.

적어도 나의 판단으로는, 한반도에 거대한 물길이 뚫린다면 현 여당의 향후 10년 집권은 따논 당상이 될 것이다. 10년 만에 권력을 다시

넘겨줘야 했던 정치세력의 한숨은 더욱 깊어질 것이다. 그렇다면 그건 순전히 사람들을 꿈꾸게 하고 권력을 만들어내는 물의 본질과 속성을 이해하지 못한 업보다.

거대정책 만능시대의 종언 2002년 한일월드컵 당시 전 세계인이 지켜보는 가운데 붉은악마 응원단이 보여준 열정과 질서의식, 단결력은 단순한 자긍심을 뛰어넘어 대한민국의 국가이미지에 매우 긍정적인 효과를 가져왔다. 그러나 곧 이어서 터진 대구지하철 참사, 그리고 이천 군부대 이전 반대시위 때 벌어진 '돼지 능지처참 사건'은 그 동영상이 세계로 유포되면서 최악의 국가이미지를 만들어냈다. 국가이미지에 대한 이러한 부정적 효과는 문화경제적 손실로 이어진다.

국가이미지는 정치적, 경제적, 법적, 사회적, 문화적, 기타 모든 분야를 포괄하는 국제관계의 영역에서 만들어지는 무형의 가치다. 따라서 국가발전전략에는 반드시 국가이미지 제고를 위한 연구가 병행된다. 국제도시 디자인 전략, 환경도시 전략, 문화도시 전략 등은 어떻게 하면 우리나라의 국가이미지를 세계인의 가슴에 담아낼 수 있을까 하는 정책적 고민의 산물이다.

하지만 이러한 거대한 프로젝트 중심의 정책전략만이 국가이미지를 향상시키는 데 절대적으로 기여한다고 생각하는 것은 오산이다. 우선

이러한 방식은 이미 선진국들이 앞서 추진했던 사례를 답습할 뿐만 아니라 차별성을 만들어내지 못해 그 효과를 감소시킬 것이 분명하다. 필자의 제안은 좀 더 창조적 상상력이 동원된, 그러나 예산이 적게 드는 '작지만 큰 정책'으로 대안을 찾아보자는 것이다.

위생과 문화를 결합시킨 '아름다운 화장실 운동'이 시·군 지방자치단체의 적은 예산으로도 차별화된 국가이미지 향상에 기여했듯이, 다른 나라에는 없고 우리나라에만 있는 감동적인 정책을 개발한다면 먼저 국민이 감동하고 나아가 세계인이 감동할 것이다. 우선 장애인과 노약사를 전 세계에서 가장 섬세하게 배려하는 정책을 만드는 것은 어떨까? 예를 들어, 극장이나 영화관에서도 휠체어를 타고 최적의 좌석을 선택해 앉을 수 있는 좌석선택권을 보장해주고, 버스정류장 인근에 장애인·노약자·임산부를 위한 가족화장실을 만들어주는 것이다. 특화되고 감동적인 장애인정책은 외국인들이 생각하는 대한민국의 이미지를 따뜻하게 바꾸어낼 것이다.

맹인안내견, 마약탐지견, 국방견 등 사회공헌견의 은퇴 후 요양소를 설치·운영하는 방안은 어떨까? 현역생활이 끝나면 갈곳이 없어 때로는 버려지기도 하는 이들 사회공헌견을 위해 국가가 여생을 극진히 관리해주는 시스템은 우리나라는 물론 전 세계 어린이들과 동물보호주의자들로부터 열렬한 박수를 받아낼 것이다. 더불어 동물사랑에 대한 국가이미지를 높이는 동시에 '보신탕 먹는 나라'라는 불명예도 불식시킬 수 있는 전략이다.

모든 버스정류장에 여름철 무더위를 날려줄 선풍기를 설치하는 것은 어떨까? 지하철역과 같은 쾌적시스템을 버스정류장에도 설치하여 '국민 쾌적권'을 구축하는 방안도 저소득층이 많이 이용하는 대한민국 버스정류장의 특별한 진화를 위해 필요할 것이다.

은퇴자와 장애인 등의 인력을 활용, 초등학교와 공용 장애인화장실을 청소해주는 사회적 기업의 창업을 지원하고 육성하는 정책도 추진해볼 만하다. 저소득층 간병지원을 목적으로 하는 기업도 육성하고, 소외지역과 저소득층 학생을 위한 예체능과외 및 일반과외 지원을 위한 은퇴자 멘토링기업도 육성하면 좋을 것이다. 이를 통해 사실상 나이먹은 젊은이(?)들인 조기 은퇴자의 일자리도 만드는 동시에 다이내믹하고 자랑스러운 선진 복지시스템을 구축하는 것이다.

어디 이뿐이랴. 작지만 큰 국가이미지 창조정책 아이디어는 공개모집만 하면 국민들 사이에서 얼마든지 쏟아져 나올 것이다. 거대정책만이 사회를 움직이던 시절은 지났다. 때로는 작고 사소한 아이디어도 나라의 이미지와 미래를 획기적으로 변화시킬 수 있다.

문화가 흐르는 디지털세상을 꿈꾸며 | 오늘날 디지털경제의 키워드는 역시 인터넷, 전자상거래, IT산업일 것이다. 디지털경제에서는 디지털기술이 인터넷산업과 기업소비, 경제정책 등의 변화

를 주도한다. 정보기술의 고도화와 네트워크의 구축·활용 등 구체적이고 실천이 용이한 것을 추구하는 디지털혁명은 이제 우리나라의 국가 산업경쟁력을 좌우한다 해도 지나친 말은 아닐 것이다. 그러나 정보화 사회가 촉발한 디지털기술의 발전은 두 가지 측면에서 인간소외의 문제를 야기한다.

첫째는 인터넷, 전자상거래, IT산업으로 이어지는 사회변화를 이끌어가는 주체적 주도계층조차 급진적·단절적 시대변화에 급격한 불안감을 느끼며 살아가고 있다는 것이다. 자연의 일부였던 인간이 자연으로부터 분리된 것은 사실 그리 오래 전의 이야기가 아니다. 산업시대에 이르러 고도로 발달한 기계문명이 인간을 자연으로부터 분리시키면서 태생적으로 불안한 존재인 인간의 불안감은 더욱 가중되기 시작했다. 생산제일주의적 가치, 윤리·질서·도덕·규범·실정법까지도 사회적 존재인 인간을 억압하는 요소로 작용하고 있음은 주지하는 바다. 따라서 현대인은 이러한 사회적 억압으로부터 일탈하고 싶은 욕구를 끊임없이 느끼며 살아가고 있다. 이러한 일탈욕구가 연극·영화·대중가요 등 엔터테인먼트의 방향으로 터져나가면 건강하게 해소된다. 억압적 사회일수록 문화라는 카타르시스적·상징적 가치는 절실하다. 산업사회에서 인간의 일탈욕구도 어찌보면 자연으로부터 분리된 인간존재의 불안감을 해소하기 위한 일종의 존재확인 과정일 것이다.

산업사회의 상대적으로 점진적인 변화에서도 불안감을 느끼며 살던 인간이 기술변화의 속도가 한층 가속화되고 엄청나게 쏟아져 나오는 정보의 양과 질에 부담을 느끼게 되면서 사회적 긴장의 강도는 더욱 심화되고 있다. 결국 디지털환경은 자연으로부터 더욱 멀어진 본래의 인간적 가치와 감성으로부터의 무한격리를 의미할 수밖에 없다. 디지털문명의 수혜자들 역시 불안하고 초조한 사회적 환경인자를 필연적으로 만들어낼 수밖에 없다는 얘기다.

디지털 정보혁명의 피로로부터 탈출할 수 있는 방법이란 과연 없는 것일까? 정보화사회 이후 '제5의 사회' 의 모습을 예견하는 미래학자들 중에는 이제 기업도 정보나 품질이 아닌 꿈과 감성과 이야기(문화)를 팔아야 살아남을 수 있다는 주장을 편다. 문화적 가치로의 콘텐츠를 구축하지 못하면 기업도 경제적 생존이 불가능하다는 논리다.

두 번째 문제는, 디지털경제가 포괄하는 지식기반경제 하에서 정보화에 능동적으로 대처해나가지 못하는 사람들의 극단적인 소외감이다. 디지털혁명은 급격한 변화의 과정에서 산업사회의 계층구조와는 또 다른 분배구조의 불평등, 소득의 격차 등 사회양극화의 갭을 더 크게 벌려놓고 있다. 정보화로부터 소외된 계층의 사회적 복지 문제는 점차 필연적으로 대두될 전망이다.

그러나 디지털경제가 창출해내는 전체적 부가가치의 크기로 인하여 산업사회와 같은 공공근로사업식 생계형 복지개념의 정책적 문제는 점차 사라질 것이다. 따라서 문화적 의미의 복지가 새로운 소외에 대한 새로운 복지정책의 중심이 될 것이다. 문화적 복지야말로 긴장된 사회를 위한 이완제의 역할뿐 아니라 건강한 일탈문화를 제공함으로써 극단적 소외계층에게 위로와 카타르시스를 제공해주는 사회적 갈등해소제의 역할을 담당할 수 있기 때문이다.

디지털 경제환경 하에서 필연적으로 대두되는 이 두 가지 인간소외의 문제는 지금부터 당장 풀어가야 할 당면과제가 아닐 수 없다. 상대적으로 위축된 IT, 인터넷산업보다 투자회사들로부터 최근 인기를 얻고 있는 엔터테인먼트 시장의 규모확대, 그리고 얼마 전 서점가에서 베스트셀러가 됐다는 서정적 한시(漢詩)를 읽는 대중의 심리저변에는 바로 이 같은 세상변화의 줄기가 예고되고 있는 것이다.

디지털 경제환경을 거꾸로 읽으면 지금이야말로 정보산업 경쟁력과 더불어 사회적 일탈욕구와 소외문제를 풀어줄 건강한 이야기산업의 육성을 위한 중요한 시점임을 알 수 있다. 또한 정부의 아날로그식·공공근로사업식 사회복지정책을 디지털식·문화복지식으로 전환해야 할 적기임을 알 수 있다. 디지털경제와 문화산업, 문화복지는 상생과 보완의 쌍두마차다.

'경기장 오페라' 유감

"투란도트 보셨어요? 하긴…… 당연히 보셨겠지요?"

문화예술계에서 활동하고 있는 인사이니 장안의 화제였던 오페라를 못 봤을 리 없을 것이라는 예단이 담긴 이런 질문을 한동안 자주 받았다. 그런데 아쉽게도 나는 그 화제의 오페라를 보지 못했다. 스펙터클한 자금성(紫禁城) 무대장치와 조명, 그리고 매머드급 출연진의 위용과 뛰어난 연출감각…… 이 모두가 내겐 궁금증의 대상이었지만 아쉽게도 보지 못한 것이다.

못 본 이유는 간단하다. 입장료 50만 원에 대한 거부감 때문이었다. 물론 3만 원짜리 입장권도 있다지만, 그걸 사서 경기장 꼭대기에 쪼그리고 앉아 목을 쭉 빼고 보느니 차라리 안 보는 편이 낫다고 판단했다. 그런데 들리는 말로는 이 50만 원짜리 표가 날개돋친듯 팔렸다고 한다.

하긴 닳으면 버릴 팬티 한 장도 50만 원을 호가하는 세태에 생의 한 순간을 황홀한 추억으로 아로새겨줄 공연티켓 50만 원은 아깝지 않은 돈일 수 있다. 그런데 문제는, 이렇게 입장료가 비싸다는 유명 공연만 있으면 떼지어 몰려드는 관객들의 면면에 있다. 평소 음악회를 자주 찾던 사람보다는 생전에 음악회 한 번 가보지 않던 사람들, 그리고 표를 상납받은 고관나리 일색으로 메워지는 관객구성은 문화 과소비로 옮아간 우리 사회의 삐뚤어진 병리현상의 또한 단면을 보는 듯하다. 한마디

2003년의 야외공연에 이어 2005년 세종문화회관에서 다시 공연된 오페라 〈투란도트〉는 VIP로얄석의 티켓을 금으로 제작했다.

로 '나는 뭔가 남들과 다르다'라는 의식을 전제로 문화명품의 소비를 통해 우쭐한 기분을 맛보고 싶은 일부 사회적 허위의식이 주효하게 작용했다는 것이 나의 생각이다.

"외국에서도 사례가 드문 이런 비싼 공연이 아무렇지도 않게 올려지는 것도 문젭니다."

당시 나와 함께 불우청소년들을 위한 자선공연을 준비했던 신세대 피아니스트 이루마 씨가 내게 던진 말이다. 지방 구석구석, 때로는 불우이웃도 생활 속에서 문화와 만날 수 있어야 문화선진국이라는 것이 그의 견해인데, 나 역시 이에 전적으로 동감한다.

그렇지 않아도 우리나라의 문화계는 대도시 중심의 문화편중으로 동맥경화현상을 보이고 있다. 여기에 비쌀수록 잘 팔린다는, 말하자면 세태의 허위의식을 거꾸로 읽어들어간 상술과 맞물린 '소수를 위한 문화'의 확대재생산 구조도 큰 문제다. 이 와중에 지방의 문화예술계가 온전한 기반을 유지할 리 없다. 수도권만 해도 지역 안에서의 문화편중은 심각할 정도다. 서울을 에워싼 위성도시 주민들은 그래도 적당한 수준의 문화향유 기회를 누리는 편이다. 그러나 읍면 단위 농어촌지역의 문화혜택 불균형은 반드시 치유되어야 할 사회문제다.

젊은이들이 떠나버린 농촌은 일과 놀이가 공존하며 풍물패와 함께 공동체의식을 다져오던 그 옛날의 농촌이 더 이상 아니다. 함께 나눌 문화를 잃어버린 농민들은 일터에서 각자의 집으로 돌아가 곧바로 TV

에 사로잡힌다. 공동체적 연대는 사라졌고, 같은 마을사람들끼리도 한 달 동안 얼굴을 못 보는 경우가 허다하다고 한다. 농촌공동체의 붕괴는 농촌문화의 공동화에 기인한다.

세종문화회관, 예술의전당과 같은 세계적 규모의 대공연장도 성에 안 차 경기장까지 빌려 50만, 60만 원짜리 입장권을 팔아대는 문화풍토의 뒤안에는 이처럼 날로 무너지고 있는 농촌공동체의 모습이 존재한다. 물론 세계화시대, 우리의 문화수준을 높여줄 내실 있는 대작도 끊임없이 만들어야 할 것이다. 그러나 대형 이벤트공연으로 동맥경화증을 앓고 있는 대도시 중심의 문화행사로부터 눈을 돌려 소외된 곳으로 문화의 향기를 실어나르는 문화운동에도 깊은 관심을 보여야 할 때다. 요즘 국공립 예술단체들이 읍면까지 찾아가 현지민들의 뜨거운 호응을 얻고 있는 '모세혈관 문화운동'은 무너져가는 농촌지역의 공동체를 복원해나가자는 취지에서 만들어진 프로그램이다.

"이런 구경 정말 처음이에요."

예술단체를 따라갔다가 어느 시골의 작은 초등학교 강당에서 만난 한 할머니가 던진 이 한마디는 우리나라의 문화 수요와 공급의 현주소를 새삼 일깨워주는 말이었다.

| 패자부활전이 왕성한 사회 | 지금은 일본에서 격투기 선수로 활약중인 아키야마 요시히로(秋山成勳)는 몇 년 전까지만 해도 부산 |

시청 소속의 재일교포 유도선수였던 추성훈이다. 교포 4세였지만 조국의 대표선수가 되겠다는 큰 꿈을 안고 한국을 찾은 이 젊은이에게 고국의 유도계는 너무나 냉담했다.

"재일교포인데다 유도명문 Y대 출신이 아니라는 이유만으로 어이없는 판정패를 여러 번 당했습니다."

한국 스포츠계의 고질적인 학연 텃세에 절망한 그는 결국 일본에 귀화하여 이름을 바꾸고 일본의 유도 국가대표선수가 됐다. 이후 부산아시안게임에서 한국선수와 다시 만나 보기 좋게 일본에 금메달을 안겨줬다. 그가 그토록 호소해왔던 한국식 패거리문화의 장벽이 과장이 아니었음을 스스로 입증한 셈이다.

어디 유도계뿐이랴. 교육계, 학계, 심지어 실력 하나만 봐야 하는 문화예술계에 이르기까지 학연패거리의 장벽은 크고도 높다. H대, S대 출신이 아니면 입신조차 어렵다는 복마전 미술대전에서 해마다 설움을 삭여야 했던, 말하자면 추성훈과 같은 처지의 화가들도 부지기수였을 것이다.

우리 사회에서 학연은 아름다웠던 학창시절의 추억 뒤에 숨어 교묘한 울타리를 만들어주는 장치다. 지연도 크게 봐서 학연과 크게 다를 바 없다. 이렇게 뭉친 패거리모임의 특징은 패거리 안의 사람들의 이상과 뜻, 인격과 품성이 어떤지는 서로 별로 상관하지 않는다는 것이다. 그런 사람들끼리 뭉쳐서 만든 권력을 서로 나누고, 외부를 향해서는 철저히 배타적인 것이 이들 패거리의 습성이다.

새정부 신임대통령의 당선 일성 중 귀에 들어오는 한마디는 "패자부활전이 왕성한 사회를 만들겠다"는 말이었다. 진정한 패자부활전은 패거리문화의 청산으로부터 시작되어야 할 것이다. 뜻이 다른 개인들이 서로의 이해나 가치관을 감추고 학교 혹은 지역이라는 깃발 아래 묵계(默契)로 뭉쳐 어거지로 함께 가는 세상의 끝은 너무나 뻔하다.

전깃불도 안 들어오는 바닷가 오지에서 초등학교를 다니던 어린 시절, 어머니로부터 가장 많이 들었던 소리는 으레 "개천에서 용 났다"였다. 호롱불 아래서 공부하다 졸고 있는 아들을 향해 "뒷말 누구네 아들은 아비가 술주정꾼인데도 열심히 공부해서 서울대를 갔고" "이웃 누구네 아들은 고학으로 대학 나와 검사가 됐고" 하는 식의 '엄친아 스토리'의 후렴은 언제나 "개천에서 용 났다"였다.

그런데 돌이켜보면 그 시절 그토록 듣기 싫던 어머니의 잔소리는 전혀 과장이 아니었다. 나중에 안 일이지만 우리동네뿐 아니라 전국적으로 '개천에서 난 용'은 하나둘이 아니었던 것이다. 그 시절에는 농부의 자식도 공교육의 혜택만으로 서울대에 진학할 수 있었고, 가난한 청년이 각고의 노력 끝에 기업가로 자수성가한 사례가 적지 않았다. 비록 궁핍하고 남루한 시절이었지만 사회적 패자도 노력과 실력에 따라서는 얼마든지 신분상승을 하고 부자가 될 수 있는 기회가 상당부분 열려 있었다.

　요즘 나의 어머니가 전하는 고향소식에는 '개천에서 난 용'이 등장하지 않는다. 개천에서 더 이상 용이 나지 않기 때문이다. 작금의 우리 사회는 사회적 패자에게 부활의 기회를 거의 주지 않는다. 돈의 경쟁력이 곧 입시의 경쟁력이 되어버린 사회에서 가난한 이들의 신분상승 기회는 원천봉쇄될 수밖에 없다. 서울대 신입생의 절반이 서울지역 학생들이고, 그 중의 또 상당수가 재력이 집중된 강남 출신이라는 통계만 보더라도 주경야독하며 일류대학 나와 사회지도층이 된다는 신화는 이제 더 이상 통하지 않음을 알 수 있다.

　부자되고 싶은 소시민의 꿈 또한 신기루가 된 지 오래다. 한때 하룻밤에 수 천만 원씩 올라가는 강남의 집값을 보면서 패배감에 젖은 서민들이 로또에 매달렸던 심리를 누가 탓할 수 있으랴. 높은 청년실업률, 학벌사회의 장벽에 가로막혀 거듭 패배자가 되어가는 젊은이들…… 패자부활전의 기회조차 없이 부와 신분이 세습되는 승자독식의 사회에서 꿈을 잃어버린 사람들…… 이들의 좌절과 절망을 대체 어찌할 것인가!

　꿈을 잃어버린 사회, 특히 신분상승의 기회가 꽉 막힌 사회는 비정상적으로 그 출구를 찾게 마련이다. 프랑스 혁명은 '제3신분'인 평민들에게 신분상승의 기회를 제약하고 특권계급인 귀족들의 권한을 강화한 데서 촉발됐다. 기회가 막힌 사회에서 피지배계급은 짓밟힌 꿈을 혁명이라는 비정상적인 수단을 통해 폭력적으로 구현해낸다.

지난 2002년의 대통령선거가 세대 간 대결이라는 사람도 있었지만, 꿈도 희망도 없는 미래에 절망한 젊은 세대가 현실의 벽을 부수고 솟아오르고 싶은 열망을 표출한 대사건이었다는 것이 나의 생각이다. 상고 학력의 패널티를 딛고 우뚝 선 대통령의 모습에서 이 땅의 세습적 패자들은 희망을 발견했고 카타르시스를 느꼈을 것이다. 그러나 아이러니컬하게도 참여정부 출범 이래 패자부활전의 기회는 거꾸로 줄어들고 '개천에서 용 나는' 사회건강성의 상징적 징표 또한 더욱 사라지고 말았다. 학벌 철폐를 부르짖었지만 그 실천적 모델의 하나였던 전 정부의 '신지식인 프로젝트' 같은 변변한 비전 하나도 제대로 만들어내지 못하고 만 것이다. 일관성 없는 경제정책의 여파로 국가경제가 흔들리면서 20~30대 실업률이 급증하고, 홈쇼핑에서 판매하는 이민알선 상품에 이들이 대거 몰려든 현상은 우리 사회가 절명의 위기상황임을 경고했다.

2007년 대선으로 새정부가 들어섰다. 신임대통령의 장담처럼 '패자부활전이 왕성한 사회'가 바야흐로 열리고 있는 것일까? 저마다의 판단여하와 상관없이, 다가올 질곡의 역사를 미리 내다보고 예방하는 지혜가 절실히 필요한 때다.

이제는 농촌에 빚을 갚자! │ 뉴질랜드 정부가 농업보조금을 폐지하면서 예상했던 농업실패율은 10%

였다. 그런데 흥미로운 것은, 뉴질랜드의 농업개혁 5년이 지난 후 실패 농가는 1%에 그쳤다는 사실이다. 뿐만 아니라 농업보조금 철폐 전에는 연 1.5%에 불과하던 농업생산성은 연 6%로 급상승했다. 농업위기를 농민들 스스로 창의적 상상력과 아이디어로 극복해낸 것이다. 그 가운데 하나가 농촌을 아름답게 만들어 관광사업과 연결시킨 전략이다.

소위 '선진국' 들의 농촌마을을 지나다 보면 자연과 공생하는 아름다운 전원풍경에 감탄을 금치 못하게 된다. 그에 비해 우리네 농촌마을들은 대부분 아름다움과는 거리가 멀다. 낮은 소득수준이 가장 큰 이유겠지만, 경제성상 우선주의의 풍토 속에서 살아온 우리의 미적 안목과 상상력의 빈곤 때문임도 부인할 수 없을 것이다.

농업에 대한 정부의 과잉보호(?)와 과잉제제도 한몫했다는 것이 나의 생각이다. 이번 한미자유무역협정(FTA) 협상과정에서 보듯, 정부의 농업지원금 등 쌀직불보상정책은 위기를 기회로 바꿀 만한 동인을 제공하지 못했다. 획일화된 관료주의와 전시행정, 빈곤한 상상력으로 무장한 정부가 농촌발전을 위해 내놨다는 '시범마을' '생태마을' 같은 농촌지원사업은 미적 상상력이 부족했던 1960~1970년대식 새마을운동처럼 마구잡이 개발만을 재연하고 있다. 정부의 '1가구 2주택 중과세 정책' 은 고향이 그리운 도시자본의 농촌유입을 차단하고 있어 '한국농촌을 아름답게 가꾸자' 라는 주장 자체가 어불성설이 되어버렸다.

미적 가치가 생산의 새로운 동력이 되고 있는 시대다. 이제는 음식점도 '맛집'에서 '멋집'으로 거듭나지 않으면 고부가가치를 창출할 수 없다. 독일 아우디자동차의 빈터곤 회장은 한 인터뷰에서 이렇게 말했다.

"튼튼하고 안전한 자동차를 만들어야 한다. 그러나 아름다운 자동차라야 고객이 산다."

예측건대, 조만간 미(아름다움) 관련 산업이 국부를 좌우하는 시대가 도래할 것이다. FTA로 고뇌하는 우리 농촌이 살길은 미적 상상력을 키워나가는 것이다. 우리는 지금 정부개입을 배제한 민간차원으로 이 운동을 시작해야 한다. 농촌마을이 아름답게 가꿔지면 관광산업과 연계돼 농가소득이 오를 뿐 아니라 아름다운 농촌이미지가 투영된 농산품의 부가가치도 높아진다. 물론 '아름다운 농촌마을 만들기 운동'이 민간차원으로 추진되기 위해서는 먼저 농촌마을 주민들이 자발적으로 마을을 가꾸고 싶다는 생각을 갖도록 하는 것이 필요하다. 그런 후에 운동가들이 그들에게 인적·기술적·문화적·정보적 지원을 할 수 있는 전략을 세워야 한다.

농업인의 만족도에 비해 급여수준만 높은, 지금까지는 농민 위에 군림한다는 비판만 받아온 농협은 이러한 운동의 진정한 후견인 구실을 담당해야 할 것이다. 또한 정부는 현금지원 같은 소모적인 전시행정을 자제하고 도시민이 농촌주택을 쉽게 구입해 농촌경제활성화에 도움이 될 수 있도록 조세감면, 군 단위 1특화타운 설립 등 필요한 농촌기반 인프라 구축, 교육문화 투자, 무분별하고 자연부조화적인 개발을 막기 위한 건축규제와 환경규제 도입, 전국적인 운동을 위한 행정지원 등만 하면 된다.

지금은 건축가, 화가, 농촌전문가, 관광전문가, 경제경영 전문가, 디자이너, 음악가, 법률가, 언론인 등 고향과 농촌에 빚진 채 살아가고 있는 각 분야 전문가들이 한데 모여 농민들과 머리를 맞대고 아름다운 농촌마을 만들기 운동, 아니 '농촌에 빚갚기 운동'을 위해 상상의 나래를 펼쳐야 할 때다.

나무장수 천상배 씨의 미래학

나무와 꽃이라면 사족을 못 쓰는 어머니를 닮은 나는 주말마다 선대로부터 물려받은 경기도 화성시 고향땅의 뒷동산을 가꾼다. 유년의 추억들이 살아숨쉬는 생가 뒷산에는 할아버지가 심은 100년 넘은 대추나무, 불밤나무 고목들이 아직도 끈질긴 잔명(殘命)을 이어가고 있고, 리기다소나무, 적송, 후박나무, 오리나무, 엄나무, 산딸나무, 헛개나무, 진달래 등 100종이 넘는 교목과 관목이 어울려 아름다운 숲을 이루고 있다. 나무를 워낙 좋아하다보니 내가 가장 사귀고 싶어하는 사람도 실은 문화계·학계 인사들보다 나무와 관련된 전문가들이 많다. 국립산림과학원의 정헌관 박사, 나무장수 천상배 씨는 그런 사람취향이 인연이 되어 만난 사람들이다.

최근 나무장수 천상배 씨가 자신의 사업지인 경북 상주에서부터 나의 고향집을 세 번이나 찾아왔다. 재래종 밤이지만 크기가 신품종 밤처럼 크고 맛있는 우리집의 유별난 불밤나무 유전자를 보전해 자원화해보겠다는 것인데, 이분의 주특기는 새로운 유전자원을 찾아내 우량 과수목을 생산해내는 일이다. 이미 그는 5~8년이면 수확이 가능한 금자탑 은행나무를 연구개발한 바 있고, 오디뽕나무 재배조합을 만들어 식품가공·유통 분야로까지 활동영역을 넓혔다.

투박한 경상도사투리를 쓰면서 늘 순후한 웃음을 흘리는 영락없는 시골사람 천상배 씨와 이야기를 나누노라면 그가 그저 어수룩한 농군이 아님을 알 수 있다. 그는 무엇보다도 우리나라 국토의 70%인 산지를 식량자원화해야 한다고 역설한다. 지구온난화 등 기후재앙으로 곡물수확량이 날로 급감함에 따라 식량수출국들이 갈수록 식량안보에 힘쓰고 있다는 것을 잘 알고 있는 그는 "식량자급률 29%인 우리나라의 미래는 이제 산림자원의 효율적 활용에 달려 있다"고 주장한다.

그의 말에 의하면, 우리나라 대부분의 산지는 식량자원 생산과도 무관하고 조림의 경제성도 적다고 한다. 숲이 주는 간접효과의 의미를 차치하면 생산성이 현저히 떨어지는 땅이라는 얘기다. 그러고 보니 최근 정부가 펼치고 있는 수종갱신 사업도 단순한 목재생산에 국한돼 전개되고 있어 너무 근시안이라는 생각을 지울 수 없다. 또 대부분의 사업지에서 시행되고 있는 개벌(開伐) 방식보다는 택벌(擇伐)에 의한 효율적인 수종갱신이 보다 친환경적임에도 산림자원의 미래를 보는 정책적 철학이 너무 부족하다.

"무엇보다도 농약을 치지 않고도 생산이 가능한 산지적응 은행나무, 왕도토리나무 등 과수종을 섞어 심어나가야 합니다. 은행나무의 경우 먹거리 제공뿐 아니라 재목, 제약원료의 생산까지 일석삼조의 효과를 낼 수 있습니다."

이러한 수종들은 미래 식품소비시장의 트렌드인 안전한 먹거리를 보장해줄 수 있고, 본격적인 수확기에 들어가면 많은 수확을 하면서도 여러 해 수확이 가능해 생산비가 그 어떤 작물보다 적게 들기 때문에 자자손손 귀중한 자원이 될 것이라는 그의 주장은 구구절절 옳은 말이다. 그는 미래를 읽는 나무장수답게 현재 오디 생산용 뽕나무 재배로 산림자원의 식량화 실험에 도전하고 있다.

가슴아프게도, 지금 나의 고향 이웃마을에 있는 산에서는 집중호우 때 토사유출이 우려될 만큼 무자비한 산림벌채가 진행되고 있다. '수종갱신'이 그 명분이다. 43년 전에는 초등학교에 다니는 꼬마들까지 동원되어 애써 심었던 리기다소나무, 참나무를 모조리 도륙한 자리에 예전에는 송충이가 먹는다고 도태시킨 적송 등 목재용 나무를 되심고 있는 것이다. 산림행정이 주어진 예산 쓰기에 바쁜 나머지 생태계나 식량자원을 고려한 미래를 내다보지 못하고 실적위주로만 펼쳐지고 있다는 증거다.

새정부는 식량자원 확보를 위해 적극적인 자원외교를 추진하고 있다. 국제 곡물가격의 앙등이 국내물가에 심각한 영향을 미치는 애그플레이션에 놀라 해외에 토지를 확보해 식량전진기지를 설치하는 방안까지 적극 모색중이다.

"정부의 조림정책도 생태계와의 조화는 물론 목재 및 식량자원 확보를 위한 동시전략으로 추진되어야 합니다."

우리 주변 가까이 있는 산지에 대한민국의 미래가 달려 있다고 생각하는 나무장수 천상배 씨와 나의 멘토인 정헌관 박사가 식목일을 앞두고 한 말이다.

극장과 목욕탕에 죄를 묻다 | 몇 년 전 서울대학교 연못 '자하연'인가 하는 곳에서 한 동아리 회장이 학우들에 의해 던져져 숨진 사건이 있었다. 물론 연례행사처럼 벌어지는 혈기넘치는 대학생들의 문화세태 중 하나였지만, '통과의례'라는 그 방법이 매우 위험천만이어서 급기야 사고로까지 이어진 모양이다. 도하 언론들은 일제히 요즈음 대학가의 일그러진 풍속도를 사례별로 꼬집으며 캠퍼스의 문화부재를 지적했다. 그러나 이 모든 것이 어디 우리 학생들만의 책임이고 죄이랴. 다소 엉뚱한 주장처럼 들릴지 모르지만, 이 문제에 관한 한 극장과 목욕탕의 죄가 크다는 것이 나의 생각이다.

사회적 존재로 태어난 인간은 누구나 억압 속에서 살게 마련이다.

법은 물론 윤리·종교·제도·관습조차도 보이지 않는 각종 강제로 우리를 억압한다. 그러나 인간의 본능은 끊임없이 이 억압으로부터 탈출하고자 하는 욕구를 가지고 있다. 대학가의 경우 이러한 탈출욕을 해소할 수 있는 방법이 노래방이나 음주문화 등일 것이다. 입시제도의 억압과 부모의 기대로부터 해방된 신입생들이 가장 손쉽게 시도할 수 있는 일탈이 그 정도일 것이다. 그러나 이런 방법들은 억압된 긴장을 해소하는 이상적인 방안이 될 수 없다.

젊은 대학생들이 누적된 일탈욕을 해소할 수 있는 가장 이상적인 방법은 극장에 가는 것이다. 극장에서 상영되거나 공연되는 예술작품을 통해 관객은 일종의 대리만족을 느끼게 된다. 대리인인 배우가 무대나 스크린 위에서 관객의 잠재욕구를 속시원하게 해소해주기 때문이다. 인간의 일탈욕구가 가장 고급하게 카타르시스되는 곳이 극장이라면, 목욕탕은 육체의 긴장이 카타르시스되는 곳이다.

고대 그리스로마 시대에 번성했던 목욕탕과 극장은 사회적 긴장과 일탈의 문화적 관계를 반영하고 있다. 전쟁과 법률에 전적으로 의존했던 로마 시대의 목욕탕은 당시 로마인들의 청결주의 습성을 달래주는 곳이기도 했지만 무엇보다 사회적 긴장을 풀어내는 장소였다. 그리스의 극장 또한 도시국가끼리의 경쟁과 마찰 속에서 누적된 갈등을 치유하고 교양을 쌓으며 사회적 응집력을 얻어내는 장소로 애용되었다. 물론 이것은 목욕탕과 극장이 본래의 건강한 기능을 다하고 있을 때의 애기다. 그러다가 기독교 중심 사회로 이전하면서 종교지도자들은 전염병의 창궐과 풍기문란의 원인이 목욕탕과 극장에 있다고 믿었다.

그 결과 공중목욕탕은 사라졌고, 사람들은 극장에 가는 대신 교회에 갈 것을 강요받았다. 흔히 중세의 '암흑시대(Dark Ages)'라고 불리는 이 시기는 정치·사회적 긴장감에 종교적 억압까지 더해지면서 사람들의 일탈욕구를 극대화시켰다. 봉건제도가 붕괴될 때까지 중세유럽의 사회적 긴장은 마녀사냥, 전쟁, 혁명 등의 폭력적 방식으로 도처에서 폭발했다. 이윽고 시민사회의 도래는 다시 목욕탕과 극장문화의 발전을 가져왔다. 근대화와 더불어 우리나라에서도 목욕탕에 뒤이어 극장문화가 서서히 뿌리를 내리기 시작했다.

그런데 문제는, 지금 우리나라의 극장과 목욕탕이 과연 사회적 긴장을 해소해주는 건강한 기능을 다하고 있느냐 하는 데 있다. 퇴폐사우나, 증기탕 등 변질된 목욕문화와 관객과 유리되어 따로 노는 전국의 각종 문화공간을 보면서 문득 극장과 목욕탕을 논죄하고픈 나의 심사가 엉뚱한 것일까?

답답한 청춘들은 연못이 아니라 목욕탕에 들어가야 하고, 좋은 프로그램이 있는 극장에 들어가야 한다. 극장과 목욕탕이 바로 서야 사회도 바로 선다.

앙드레 김을 통해 대소(大笑)하는 사회

수 년 전 패션디자이너 앙드레 김이 '옷로비 사건' 청문회에 나와 증언하는 것을 본 사람들은 크게 웃었다. '앙드레 김'으로 잘 알려진 패션디자이너의 이미지가 '구파발 김봉남'으로 구겨져내리는 순간 사람들의 심금을 치는 묘한 카타르시스가 세상을 대소(大笑)하게 만든 것이다. 혹자는 화려함의 상징이었던 앙드레 김이 '김봉남'이라는 친근한 본명을 갖고 있었다는 사실을 확인하는 순간 대중에게 새삼스러운 애정감이 생겼기 때문이라고 진단하기도 한다. 앙드레 김이라는 이름보다는 봉순이, 봉남이 같은 촌스럽고 만만한 이름에 더 친화하고 싶은 것이 인지상정이라는 얘기다.

그러나 후자의 논리에는 쉽게 동의하기 어렵다. 그것은 앙드레 김과 직접 마주섰던 국회의원, 기자, 참관시민들의 생각일 뿐이다. 당사자인 앙드레 김의 입장에선 어땠을까? 앙드레 김은 증언대에 서면서 자신의 본명이 김봉남이라는 사실을 밝히지 말아 달라고 기자들에게 부탁했다고 한다. 호적 속에는 엄연히 존재하는 이름이지만, 디자이너 앙드레 김의 의식 속에서는 왠지 기억해내고 싶지 않은 이름일지도 모른다는 추론을 가능케 하는 대목이다.

아닌 게 아니라 그가 태어났다는 1935년의 구파발의 풍경과 김봉남이란 이름은 오늘날 그의 성취 내지 성공과는 쉽게 맞물릴 수 없는 이미지를 갖고 있다. 사실 김봉남이라는 이름이 굳이 대중적으로 공개되어야 할 필요도 없었다. 옷로비 사건의 본질과 앙드레 김의 본명은 전혀 무관한 것이었기 때문이다. 그런데 그런 그의 기대는 무참하게 뭉개졌다. 모든 언론이 앞다퉈 이 에피소드를 희화화하기 시작했고, 그의 여성스럽고 이국적인 말투와 나이, 독특한 의상컨셉트와 함께 '김봉남'이라는 이름이 특필로 다뤄지면서 사람들을 크게 웃게 만든 것이다.

당시 언론이 옷로비 사건과는 아무 상관도 없는 앙드레 김의 본명을 초점화한 이유는 무엇이었을까? 이유는 간명하다. 시대가 앙드레 김과 같은 '사냥감'에 목말라하고 있었기 때문이다. 우리 사회에는 배고픈 것은 잘 참아도 배아픈 것은 절대 못 참는 사람들이 산다. 혹자는 출구 없이 꽁꽁 가로막힌 우리 특유의 정치·경제·사회적 조건이 만들어놓은 정서적 후유증이라 하지만, 아무튼 남 잘되고 남 잘난 것 앞에서는 한없이 인색한 것이 특히 요즘 우리네 심사다.

천신만고 끝에 성취하고 성공한 사람을 존경하기보다는 끌어내려 짓밟고 짓이기고 싶은 욕망이 득실거리는 사회는 병든 사회다. 잘나가는 사람들의 꼬투리를 잡고 늘어져 흠집을 낸 다음에야 못난 자신들의 열등감을 보상받을 수 있는 시대는 병든 시대다. 열등감을 극복하는 방법치고는 꽤나 가학적이고 병리적이다. 언제부턴가 우리 언론도 이런 새디즘적 집단광기에 편승해간다는 느낌을 지울 수 없다. 김봉남이라는 본명을 굳이 밝히게 해서 전국민을 웃겨준 우리 국회의원들도 병적인 군중심리 및 언론과 고스란히 한패라는 생각도 든다.

그토록 고상했던 앙드레 김을 향해 던지는 '김봉남 네까짓 게 별거냐' 하는 모욕과 질시가 의회의 엄숙주의 안에서 위장구현되는 순간 병든 우리 사회는 참으로 묘한 쾌재에 부르르 몸을 떨었다. 유명인은 공인이므로 어느 정도 인권과 프라이버시의 침해도 감수해야 한다는 불가피론 뒤에 몸을 숨기며 이 기막힌 카타르시스의 공범이 되지 않은 자 있으면 손들고 나와보라.

앙드레 김을 통해 대소했던 우리 사회의 구성원들, 특히 무소불위의 국회의원들과 언론인들에게 묻고 싶다. 그렇게 잘난 당신들에게는 가슴속 깊이 감추고 싶은 '구파발 김봉남'이 한두 개쯤 없으신지? 이 시대 우리 사회의 그 누가 '김봉남'이라는 이름으로부터 진정 자유로울 수 있을까?

<table>
<tr><td>뜨려면 센 자를
물어뜯어라!</td><td>센 자를 물어뜯어라. 열화와 같은 인기 속에 2001년 막을 내린 TV드라마 〈아줌마〉의 한 장</td></tr>
</table>

면에 나오는 대사다. 지식인의 허위의식을 대표하는 극중 주인공이 "뜨고 싶으면 센 자를 물어뜯어라"라고 친구에게 충고하는 대목이다. '일단, 무조건 뜨고보자'는 지식인 세계의 풍토 속에서 혼자만의 능력으로는 도무지 뜰 수 없는 사람이 유일하게 뜰 수 있는 비결을 풍자적으로 비꼰 명대사다.

요즈음 소위 '뜬 사람들', 즉 명성과 권력을 획득한 사람들을 보면 대체로 두 가지 유형에 속한다. 첫째는 스스로 각고의 노력을 통해 자기 분야에서 독창적인 영향력을 확보한 경우다. 그리고 둘째는 자신의 노력으로 일가를 이룬 사람을 물어뜯어 유명해진 경우다. 전자의 경우가 절치부심한 노력의 산물이라면 후자 쪽은 아무래도 전자의 결실이 없다면 절대로 존재할 수 없는 경우다.

드라마의 작가가 풍자한 세태의 핵심이 무엇인지는 잘 모르겠지만, 그 대사를 듣자마자 우선 연상된 사례가 도올 김용옥의 TV강좌였다. 워낙에 초저녁 잠이 많은 팔순 노모까지 TV 앞에 붙잡아놓는 '도올강의'의 대중적 카리스마와 흡인력은 실로 불가사의가 아닐 수 없다. 여러 가지 비판도 많았지만, 고답적 지식의 창고 안에 갇혀 있던 도가와 유가의 고매한 사상들을 대중 속에 꺼내놓고 세인의 관심을 끌어들인 그 공로를 인정해야 한다는 것이 나의 견해다.

도올의 수난(?)은 TV라는 대중적 권력매체와 결합되면서 시작된다. 권력을 획득한 자를 그냥 내버려둘 세상이 아니다. 지식사회가 도올의 언행과 강의태도까지 들먹이며 맹렬한 물어뜯기를 시작하자 그 대표주자들이 갑자기 신문지면을 통해 '뜨기' 시작했다. 하긴 '센 자 물어뜯기'에 편승해 같이 뜨는 것이 또한 매스미디어이기에 이 물어

도올 김용옥 만큼 학계, 종교계, 문화계에 걸쳐 적이 많은 인물도 드물 것이다. 그만큼 우리 지식인사회에서 그가 차지하고 있는 위치가 독보적이라는 반증은 아닐지. 《ⓒ연합뉴스》

뜯기 경쟁에 가담하지 않을 미디어도 없었을 것이다.

도올을 물고늘어짐으로써 얻을 수 있는 것은, 별다른 노력 없이도 그가 이미 획득한 유명세에 무임승차하여 누리는 또 다른 권력의 맛일 터다. 일본의 역사학자 미야자키가 쓴 『옹정제』를 읽다보면 옛 중국의 지식인들도 이런 무임승차 권력의 맛을 꽤나 즐긴 흔적을 발견하게 된다. 봉건제도의 관료는 문인 출신이 대부분인데, 황제 재위기간 중 올렸던 주접(奏摺)을 모아 황제 사후에 문집을 내는 것이 유행이었다고 한다. 그런데 문제는 실속없는 주접으로 황제에게 야단맞은 내용은 뺀 채 자신의 미문과 직간(直諫) 부분만 유리하게 편집해 출판한다는 점이다. "내가 만인지상의 황제에게 이렇게 직간했다"라는 자랑만 한다는 것이다. 그 결과 세간의 존경을 받고 '강직한 문인'으로 사당에 봉정돼 후세의 추모까지 얻어낸 자들이 부지기수였다고 하니 '센 자 물어뜯기'의 승수효과가 역사적으로도 증명된 셈이라 할 만하다.

이제는 안방극장에서도 지식인이 뜰 수 있는 비장의 비법을 전수시켜주고 있는 판국이니 우리 사회의 '센 자 물어뜯기'의 광풍이 어느 정도인지를 새삼 절감하게 해준다. 도올의 경우가 아니더라도 현직 대통령을 향하여 "공업용 미싱으로 입을 꿰메야 한다"는 발언으로 파문을 일으켰던 모 의원도 일관되게 센 자를 물어뜯어 뜬(?) 케이스다.

학계, 문화계, 재계도 예외는 아니지만 정치판의 물어뜯기 수준은 특히 정화의 기미조차 보이지 않는다. 정치인들은 여야 할 것 없이 누가 권력을 향해 근접해가는 모습만 보면 지성인다운 비판의식은 온데 간데 없이 사라지고 패싸움 수준의 물어뜯기로 일관한다.

그러나 더 심각한 것은, 일반인들조차 이런 지식사회의 선동에 휩쓸려 병리적 현상에 가까운 묘한 카타르시스를 느끼며 함께 몸을 떤다는 사실이다. 물어뜯어야 뜨는 지식사회의 이러한 해악적 풍토가 온나라를 그르칠까 염려스러울 지경이다. 물론 센 자도 비판의 대상이 되어야 마땅하다. 하지만 물어뜯는 것은 비판이 아니다. 드라마 〈아줌마〉의 의미심장한 대사가 말하고 있는 것이 바로 그 지점이다.

마녀를 찾아 헤매는 사람들 | 새벽잠이 없는 나는 매일 자리에서 일어나자마자 현관문으로 곧장 달려나간다. 네 종의 조간신문을 읽기 위해서다. 잠옷바람에도 아랑곳하지 않고 거의 습관적으로 내달리는 내 외양을 스스로 상상해보면 정말 우스꽝스럽기 짝이없지만 그때마다 마음은 왠지 모를 긴장과 팽팽한 기대감에 가득 차 있다. 오늘은 어떤 사건·사고가 있을까? 왠지 모를 기대감(?)을 굳이 표현하자면 아마 이런 류일 것이다. 그러나 과연 이 정도가 기대의 전부일까?

스스로 소스라칠 일이지만, 이즈막 신문읽기의 진정한 재미는 생존경쟁에서 낙오되어 끊임없이 추락해가는 '나' 아닌 '남'들의 이야기에서 비롯된다. 자극 없는 신문을 보고 실망하는 내 모습을 스스로 읽어보면, 세상 한 귀퉁이에 음험하게 몸을 숨긴 채 누군가가 처절하게 짓밟히는 모습을 지켜보며 쾌재를 부르는 속물이 바로 나임을 깨닫게 된다.

사회적 왕따를 마녀로 지목해 화형에 처하던 중세유럽의 마녀사냥은 기독교의 억압에 짓눌리던 암흑기 서구인들의 일그러진 욕망의 탈출구였다. 사회가 분열되고 개인들 간의 관계가 파국에 이를수록 집단적 불안과 초조, 사회적 강박증은 끊임없는 희생제물을 요구한다. 불안하고 병든 사회일수록 더 많은 마녀를 필요로 한다. 제1차 세계대전 패배 후의 절망적인 독일사회가 나치즘이라는 비정상적인 권력을 탄생시켰고, 사회불안의 산물인 집단 새디즘적 광기는 유대인 대학살이라는 세기적 마녀사냥으로 이어졌다.

1950년대 미국을 휩쓴 매카시즘 광풍도 전후 미국의 불안과 초조를 가공의 공산당 사냥으로 풀어낸 경우다. 이들 마녀사냥의 공통점은 첫째, 불에 태워 죽이건 가스실로 보내건 나락에 떨어뜨리건 목표물의 숨이 끊어질 때까지 공격을 멈추지 않는다는 것이다. 둘째, 생물학적 죽음 혹은 사회적 죽음이 낭자해지고 한 사회가 철저히 파괴되어야만 비로소 끝을 본다는 것이다. 아이러니컬한 것은 당대 그 사회의 누구도 마녀사냥의 피해로부터 예외가 될 수 없다는 점인데, 모두 피해자가 되고 나서야 후회하는 특성이 있다.

지금 우리 사회는 급격한 변화의 소용돌이에 휩싸여 있다. 2002년 대통령선거를 전후해 간극이 더 넓어진 세대 간 갈등은 물론 다시 팽

배해진 이념대립의 문제, 신(新)노사관계의 문제, 그리고 리더십의 변화에 따른 정치적 갈등 등 어느 것 하나 온전하지 못한 혼돈의 시대를 살고 있다. 불안하고 예측을 불허하는 세상을 살아가는 사람들의 마음속은 두려움으로 가득 차 있다. 그 두려움과 초조의 비정상적인 탈출구가 여기저기 도처에서 벌어지고 있는 집단적 가학심리일 것이다.

두려움 속에서 인간은 더 공격적일 수 있다는 사실은 중세의 사례들이 증명한다. 오늘날 우리 사회에서 서로의 등을 떠밀고 남을 죽음으로 몰아가는 사건은 도처에 비일비재하다. 아이들을 먼저 고층아파트에서 밀어 떨어뜨리고 자신도 뛰어내려 자살한 어느 주부도 물신주의로 멍든 이 사회가 등떠민 제물이다. 배우 최진실의 안타까운 죽음 역시 남 잘되는 것 절대 못 보는 우리들의 시기와 질시가 야기한 뻔한 결말이었는지도 모른다.

물론 조간신문을 향한 나의 왠지 모를 기대감(?)이 사그러들지 않는 한 우리의 매스미디어는 쉴새없이 눈을 부라리며 현대판 마녀 찾기에 혈안이 돼 움직일 것이다. '더 풍요로운 군중심리의 식탁'을 위해 지금도 누군가가 사안 이상으로 끌어내려져 짓밟히고 있다면 서글픈 일이다. 우리가 마녀사냥의 굿판을 걷어치울 날은 언제인가.

밀실이 좋은 사람들

내가 재직하고 있는 학교의 교직원식당은 교직원과 교수는 물론 조교 대학원생들도 이용할 수 있도록 개방된 곳이다. 그런데 식당에 갈 때마다 나의 눈에 좀 특별나게 비치는 것은 식당을 이용하는 이들이 자리를 찾아가는 방식이다. 쿠폰(식권)을 사고 식판에 밥과 반찬을 스스로 필요한 만큼 담은 이들이 선착순으로 선점해가는 자리가 특이하게도 구석자리부터가 아니라 한가운데부터라는 점이다. 고정관념처럼 내 안에 자리잡고 있던 인간의 식사습관에 관한 인류학적 가설이 여지없이 무너지는 현장이다.

적어도 지금까지 나의 관찰에 의하면, 식당을 찾는 사람들의 자리찾기 습관은 사방으로 개활된 중심부 자리가 아니라 차단된 벽면에 기댄 가장자리부터가 먼저다. 커피숍에 들어가도 사람들은 가운데보다 구석자리를 선호한다. 이유를 굳이 물으면 "왠지 아늑하다"라는 대답이 돌아온다. 무언가를 먹을 때 한쪽 벽면이라도 타인과 차단된 곳이어야 비로소 안심되고 편안해지는 것이 인간의 마음 아니던가!

그렇다면 구석을 편안해하고 가운데에 불안해하는 사람들의 무의식적 식사관습의 기원은 무엇일까? 그것은 아마도 약육강식의 자연질서 앞에서 한없이 나약했던 원생인류 시절부터가 아니었나 싶다. 사방에 맹수들이 득실거리는 개활지 한가운데서 포획한 먹잇감을 자신있게 먹어치울 원인(猿人)은 없었을 것이다. 따라서 먹잇감을 끌고 가급적 삼면이 가려진 컴컴한 동굴 속이나 골짜기에 등을 의지하며 식사하던 그들의 모습을 상상할 수 있다. 그것은 일차적으로 맹수로부터 먹잇감을 지키려는 습성이기도 하겠지만 자신이 획득한 먹잇감을 독점하고 싶은 욕심 때문이기도 했을 것이다.

그 원생인류의 불안과 욕심이 수십 만 년의 진화에도 변하지 않고 유전적 형질로 고착된 것이 바로 인간들의 식사자리 찾기 습관이다. 지금까지 적어도 나의 생각으로는, 현생인류로 발전한 우리들에게 아직 남아 있는 이 무의식적 습성은 쉽게 소멸될 것처럼 보이지 않았다. 그런데 나의 이 인류학적 상상력과 믿음이 최근 대학의 구내식당에서 무참히 깨져버린 것이다.

그리고 보면 이런 진화가 일어난 곳이 비단 구내식당뿐만이 아닌 모양이다. 요즘 젊은이들이 많이 가는 패스트푸드점이나 카페 등에는 구석자리, 가운뎃자리의 구분이 따로 없다는 것이 내 딸의 설명이다. 더욱 놀라운 것은, 젊은 세대가 선호하는 카페나 음식점의 조명이 매우 밝다는 것이다. 실제로 거리를 다녀보면 대낮처럼 환한 것을 뛰어넘어 아예 밖에서도 안이 훤히 보이도록 투명유리로 꾸며놓은 곳도 많다. 그 여파에서인지 덩달아 기성세대가 애용하는 음식점이나 커피숍의 조명도 밝아지기 시작했다.

디지털로 표상되는 정보화와 이야기혁명이 촉발시킨 변화의 급류 속에서 불변할 것 같던 인간의 무의식적·유전적 습성이 새로운 형태로 진화하고 있다. 어두컴컴한 밀실지향의 식사관습이 빛과 여유와 노출의 관습으로 바뀌고 있는 것이다. 밀실지향의 인테리어로 손님을 끌던 식당과 카페들도 저마다 밝고 환한 개방형 인테리어로 분위기를 바꾸고 있다.

그런데 이 조용한 진화의 바람과 반대로 가는 인류가 아직도 있다. 금권을 쥔 졸부들의 무리와 권력욕에 눈이 먼 정치인집단이다. 그들이 끼리끼리 즐겨찾는 고급식당들은 예외없이 사방이 벽면으로 아늑하게 가려진 밀실구조가 많다. 이들이 고급식당의 밀실을 선호하는 이유는 분명하다. 그들은 정략적으로 어떻게 해서든지 금력과 권력을 쟁취해야 하기 때문에 늘 초조하고 불안한 상태를 벗어날 수 없다. 또한 일단 쟁취한 금권과 권력을 타인과 나누기 싫다는 독점욕이 강할 수밖에 없다. 한마디로 동굴 속에서 혼자 포식하던 원생인류의 불안과 독점적 욕망의 유전형질을 가상 살 간직하고 보존하고 있는 집단이 작금의 졸부와 정치인들이다.

밀실에서 이루어지는 공천과 정치적 거래를 민주사회라는 개활지로 끌어내려는 신인류의 외침도 이들에겐 우이독경이다. 이런 식이라면 앞으로 진화에 적응 못 한 졸부·정치가들이라는 특이종(種)들은 멸종의 운명을 피해 갈 수 없을 것이다. 인류의 진화는 계속되고 있다.

법과 도덕의 위험한 동거 | 중세유럽의 암흑기는 고대의 인간 중심 사고에서 신(神) 중심 사고로 신정(神政)체제를 받아들인 시기다. 이에 따라 인간의 본능도 법으로 규범화한 종교적 도덕주의에 의해 철저히 억압당했다. 그러나 이 엄숙한 도덕주의 사회도 인간의 성적 일탈은 막아내지 못했다. 오히려 출구를 막

자 살인·강간·마녀사냥으로 이어지는 중세암흑기의 광기를 경험하게 된다. 종교와 도덕이 법에 과도하게 개입했을 경우 생겨날 수밖에 없는 부작용이라고나 할까.

이에 반해 몇 년 전 크게 논란이 되었던 '성매매 특별법'은 업주에 의해 강요된 성매매와 인신매매를 척결하고자 하는 인권적 측면을 제외하고는 거꾸로 법이 개인의 도덕에 개입한 사례가 아닌가 싶다. 이는 법이 세간의 도덕에 과도하게 개입하는 것이 과연 옳은 일인가 하는 문제 이전에 사회적 논란도 분분했다.

당시 일각에서는 "경제가 가뜩이나 어려운데 하필 지금 이 법을 시행해야 하느냐" 하는 볼멘 하소연도 있었다. 성매매시장의 규모가 한 해 14조 원 정도임을 감안할 때 생산수단이 전무한 종사여성들의 생계뿐 아니라 위축된 내수시장에 미치는 경제적 파급효과 또한 만만치 않을 것이라는 주장이었다.

두 번째는 남성들의 생물학적 본능의 출구, 즉 필요악적인 사회의 '하수구'를 막으면 결국 억압된 욕구는 더욱 비정상적인 출구를 찾아 나설 것이라는 주장이다. 사회가 더욱 흉포해지고 성범죄가 만연한다는 논리다.

세 번째는 처벌대상인 '성을 파는 여성들' 또한 변변한 일자리를 만들어주지 못한 우리 사회가 양산해낸 피해자이지만, '성을 사는 남성들'의 상당수 또한 가진 돈 없고 누구도 거들떠보지 않는 사회적 약자인 경우가 대부분이라는 주장이다. 돈이 곧 권력이라는 측면에서 볼 때 권력(돈)을 독점한 남성들은 손만 뻗으면 로맨스를 가장한 성매매가 언제든지 가능한 것이 우리 사회다. 반면에 농촌의 장가 못 간 총각, 외모가 못난 사람, 신체불구인 사람 등 권력에서 소외된 주변부 남성들의 본능 해소방식을 법으로까지 봉쇄하는 일은 그야말로 또 다른 불평등을 양산해내는 처사라는 것이다.

하지만 남성사회와 일부 여론의 이러한 주장들은 여성단체의 반박대로 "성매매라는 더러운 비즈니스를 이 땅에서 완전히 척결하려는 법 시행 의지를 약화시키려는" 억지논리적 요소가 다소 포함되어 있는 게 사실이다. 하지만 강요된 성매매와 악덕업주에 대한 처벌은 당연한 조치라 할지라도 개인의 윤리와 도덕의 문제에까지 법이 시퍼런 칼날을 들이대고 개입해야 하느냐 하는 문제는 여전히 남아 있다.

우리 사회에 만연한 성매매 풍조는 성을 사고파는 개인들의 문제를 뛰어넘어 사회적으로 꽤 복잡한 요인을 가지고 있다. 왜곡된 경제구조와 급격한 사회윤리관의 해체, 남녀의 생물학적 본능의 차이도 아름다워야 할 성을 상품으로 사고파는 세태를 만드는 데 분명 일조했다. 법 시행 이전에 성매매 종사자나 구매자에 대한 일자리 마련이나 성윤리에 대한 건전한 사회교육 등이 선행되었어야 마땅했던 것은 아닐까?

도덕의 문제를 법의 칼날만 믿고 강제하다보면 중세유럽의 암흑기와 같이 오히려 법으로 통제가 불가능한 상황을 조장할 수 있다. "법을 강행하다보면 물풍선 효과처럼 음성적 거래만 촉발할 것”이라고 말한 경찰청 김강자 전 총경의 말이 그런 의미에서 ‘도덕주의와 만난 법’의 종말을 예고하고 있는 것은 아닐까?

행정시스템과 멋의 패러다임 | 앞에서도 인용한 바 있지만, 독일 아우디자동차의 빈터곤 회장이 취임 직후 내뱉은 일성은 “튼튼하고 안전하게 만드는 것은 기본이다. 이 기본 위에 감성의 날개를 달아 멋진 자동차를 만들어야 한다”였다. 기능적인 것은 물론 매력적인 자동차를 만들어야 시장에서 승리할 수 있다는 얘기다.

신임회장의 이러한 철학을 반영하듯 한때 아우디코리아 홈페이지에 들어가면 가장 처음 맞닥뜨리게 되는 것이 ‘아름다운 차가 있습니다. 안전한 차가 있습니다’라는 카피였다. 보통사람들의 생각으로는 당연히 ‘안전한 차’가 먼저다. 하지만 아우디자동차는 ‘안전한 차’는 너무나 당연한 기본이므로 의식적인 우선순위를 ‘아름다운 차’에 두겠다는 것이다. 어쨌든 빈터곤 회장의 취임 이후 아우디자동차의 사세는 급성장했다. 물론 작금의 경제불황 이전의 얘기다.

20여 년 전 삼성전자의 이건희 전 회장은 그룹 임원회의에서 “디자인이 무엇보다 중요하다”고 역설했다. 삼성생명의 배정충 전 사장은 당시 수 천억 원을 쏟아붓는 이 회장의 디자인 프로젝트를 내심 못마땅하게 생각했다고 회고한다. ‘구조조정 등으로 회사가 한창 어려울

때 애매모호하기 짝이 없는 디자인 분야에 천문학적인 투자를 하는 게 과연 올바른 판단인가?' 그러나 그 의구심은 10년 만에 완전히 해소됐다고 한다. 삼성전자의 '애니콜 신화'는 기술의 신화이기도 하지만 궁극적으로는 디자인의 신화다. 이건희 회장의 선견지명 덕분에 멋지고 매력적인 삼성의 가전제품과 휴대전화기는 세계를 휩쓸었다. 기술의 시대를 넘어 감성과 이야기의 시대가 도래했음을 꿰뚫어본 통찰력의 승리다.

'잘 만든다고 팔리지 않는다. 멋지게 만들어야 한다.'라는 새로운 시장동인의 패러다임 시프트는 이제 기업의 전유물이 아니다. 정치도 이런 시장변화의 속성을 잘 활용해 대박을 터뜨린 바 있다. 2002년 노무현 대통령후보의 당선은 어떤 의미에서든 이성보다는 감성으로 유권자를 파고든 결과라는 것이 중론이다. ('품질'의 문제는 임기 이후의 평가과제로 남겨졌지만 말이다.)

이러한 세상변화의 추세는 지방행정이라고 예외가 될 수 없다. 그러나 아쉽게도 우리의 지방행정은 아직도 '살기 좋은 ○○도 만들기' 정도의 캐치프레이즈 수준에 멈춰 있다. 단순히 '살기 좋은……' 지향의 지방행정은 여전히 우리의 행정시스템이 품질향상이라는 산업화 패러다임의 과제 안에 갇혀 미래지향적인 큰 걸음을 못 뛰고 있다는 것을 방증한다. 이제 '살기 좋은' 사회를 만드는 것은 행정서비스에 있어 너무나 당연한 기본과제다. 그 과제 위에 하드웨어와 소프트웨어를 총괄하는 '멋지고 매력적인' 사회를 만들기 위한 전략을 짜내야 할 때가 아닐까?

우리의 행정시스템도 아우디나 삼성전자처럼 기술이나 품질의 차원을 뛰어넘어 멋과 매력을 추구하는 과감한 변신을 시도해야 한다. 달라진 시장의 가치지향에 걸맞는 패러다임의 전환이 요구되고 있는 것이다. 예컨대 지방행정의 '고객'인 주민들은 도로·항만 도시계획 인프라의 조성에서부터 소프트 개발에 이르기까지 지방만의 독특한 멋과 매력을 담을 수 있는 행정적 마스터플랜이 하루빨리 마련되어 삶이 업그레이드되길 절실히 바라고 있다.

피렌체, 베네치아, 니스, 바르셀로나 등 유럽의 지방도시들은 아름다움과 이야기·품격, 즉 멋을 가꾸고 구현해내는 전략으로 현재 큰 부가가치를 얻고 있다. 멋도 있고 이야기도 있어야 방문하고 싶고, 오래 살고 싶고, 돈을 쓰고 싶은 곳이 된다. 기존 행정서비스의 양대 축인 '공간 중심의 행정' '사람 중심의 행정'이라는 패러다임은 이제 기본으로 남겨두고 '멋 중심의 행정'이라는 새로운 패러다임에 맞추어 나아가야 할 때다.

'빠끔 할아버지'는 없다

　그분의 손녀딸 별명은 '빠끔이'다. 왜 하필이면 별명이 빠끔이가 됐는지 연원을 아는 사람은 우리 조무래기들 사이에 아무도 없다. 어른들 모두가 그렇게 부르니까 우리들도 따라서 그렇게 부를 뿐이다.

　느릿재 고개를 넘어가야 하는 초등학교 등교길 모퉁이에 '빠끔이네 집'이 있다. 우리는 길가 한쪽의 남루하게 쓰러져가는 그 집 앞을 지날 때 마다 "썩큰이!" 하며 빠끔 할아버지의 이름(정석헌)을 심술궂게 불러댔다. 그럴 때마다 예외없이 구부정한 몸집의 중노인은 성난 얼굴로 쫓아나온다.

　대님도 치지 않은 무명바지자락, 매다 만 저고리고름, 까치머리, 어딘지 한없이 어리숙해 보이는 몰골은 가히 볼거리여서 우리는 끼득끼득 웃음꽃을 피운 다음 달아나기 바쁘다. 이 통과의례와도 같은 행사의 하일라이트는 성난 할아버지가 열 걸음도 채 쫓아오지 않고 도중에 피식 장난기 어린 웃음으로 우리를 향해 면죄부를 던져주는 순간이다.

개구장이들의 행사는 계속됐지만 누구도 빠끔 할아버지의 손에 잡혀 진짜 혼난 아이는 없었다. 우리들뿐 아니라 잘난 동네어른들에게도 빠끔 할아버지는 유희의 대상이었다. 그도 그럴 것이 허릿병 앓는 술주정뱅이 큰아들의 노름빚을 갚기 위해 가진 전답 죄다 팔고 가족들 끼니 때문에 남의 집 달머슴살이가 일쑤인 그가 보통사람들 눈에 온전히 보일 리 만무였다.

"썩큰이! 금덩이라도 캐나?"

눈만 뜨면 논밭에 나가 쭈그린 채 일만 해대는 그를 향해 길가던 어른들은 손윗나이에도 개의치 않고 반말로 빈정대곤 했다. 주민등록증에 온전한 지문 하나 못 남겼을 정도로 손발이 부르트게 살아왔건만 언제나 머슴신세를 면하지 못하는 그의 미욱함에 대한 비아냥이런만 빠끔 할아버지의 대답은 입가의 스치는 헤픈 웃음과 함께 "그려, 그려……"뿐이었다.

그 빠끔 할아버지가 우리집 달머슴으로 들어온 이래, 아무것도 모르는 나와 동생은 더욱 희희낙락했다.

"썩큰이!"

우리의 사디즘적 본능이 광기를 발할 때마다 영락없이 밥(?)이 되는 그의 모습은 차라리 천사였다고 할까…….

"예끼놈!" "오냐, 오냐……."

늙은 그의 저항이 한없이 포근한 자장가처럼 우리의 강퍅한 마음을 무력하게 만들곤 했음을 안 것은 먼 훗날의 일이다.

병든 큰아들을 먼저 떠나보낸 빠끔 할아버지는 손자들 생계를 위해 이후에도 계속 달머슴으로 우리집을 들락거렸다. 내가 부모님께 호된 야단을 맞고 설움에 북받쳐 훌쩍일 때면 영락없이 어기적거리며 나타나 "이눔아, 울긴 왜 울어?" 하며 슬며시 권련을 권해 결국 나를 웃게 만들던 그였다. '썩큰이'에서 '빠끔 할아버지'로 호칭이 바뀐 것도 아마 그 무렵이었으리라.

얼마 전 빠끔 할아버지의 손자 결혼식에 참석하기 위해 고향에 다녀왔다. 빠끔 할아버지처럼 순후한 웃음을 잃지 않고 어벙벙 서 있는 손자의 얼굴을 보는 순간 나는 유년시절을 향한 뭉클한 그리움에 사무쳤다. 그날, 한없이 각박한 내 삶의 한가운데 이미 고인이 된 빠끔 할아버지의 모습이 가슴저리게 떠올랐던 이유는 무엇이었을까?

잘나고 똑똑한 사람들만 판을 치는 삭막한 이 세상의 어둠 속에서 이제는 빛나고 아름다운 영혼의 별이 되어 나타나는 빠끔 할아버지……. 빠끔 할아버지는 지금 이 세상 어디에도 없다.